La extraña familia Mennym

Sylvia Waugh

ALFAGUARA JUVENIL

ALFAGUARA

Título original: *THE MENNYMS*

1998, Santillana, S. A.
Torrelaguna, 60 28043 Madrid
Teléfono (91) 744 90 60

• Aguilar, Altea, Taurus, Alfaguara, S. A. de Ediciones
Beazley, 3860. 1437 Buenos Aires

• Aguilar, Altea, Taurus, Alfaguara, S. A. de C. V.
Avda. Universidad, 767. Col. Del Valle,
México D.F. C.P. 03100

ISBN: 84-204-4901-6
Depósito legal: M-4.035-1998
Printed in Spain - Impreso en España por
Unigraf, S.L. Móstoles (Madrid)

Una editorial del grupo **Santillana** que edita en
España • Argentina • Colombia • Chile • México
EE. UU. • Perú • Portugal • Puerto Rico • Venezuela

Diseño de la colección:
JOSÉ CRESPO, ROSA MARÍN, JESÚS SANZ

Editora:
MARTA HIGUERAS DÍEZ

Impreso sobre papel reciclado
de Papelera Echezarreta, S. A.

La extraña familia Mennym

A mi familia

Yo, extraño y asustado.
En un mundo que no he inventado.

Últimos poemas, A. E. Housman

La carta

Loftus
Distrito de Palmerston
Dubbo
Nueva Gales del Sur
Australia

10 de septiembre

Querido sir Magnus:

Me resulta extraño esto de ponerme a escribir una carta sin más a un sir *y todo eso. Tengo que reconocer que no sé muy bien cómo empezar. Verá, acabo de heredar, entre otras cosas, la casa que le ha tenido alquilada durante todos estos años a mi tío Chesney. O por lo menos la que le ha alquilado hasta su muerte, hace pocos meses. Ahora parece que, como soy su único pariente, me voy a convertir en casero de usted.*

¡Imagínese: yo, un casero! ¡Y casero, encima, de un sir *de carne y hueso! Si le sueno un poco ingenuo y más impresionado de la cuenta, lo siento, pero no lo puedo evitar. Soy un tipo bastante normal y la verdad es que estoy impresionado. No soy millonario ni nada por el estilo, pero sí tengo mucho más dinero del que tenía hace nada y estoy que doy saltos contra el techo pensando que tengo una propiedad en Inglaterra.*

En cuanto a mí, ya que debe de estar preguntándoselo, le diré que acabo de cumplir los treinta, que estoy soltero (y sin compromiso) y que desde hace unos diez años debo haber pasado más tiempo con las ovejas que con las personas. Ahora, con las tierras que me han dejado aquí y un buen pico de dinero, estoy pensando en ir, por primera vez en mi vida, a la madre patria para conocer mundo y, si usted no pone ninguna objeción, hacerle una visita. Pero no como un casero que quiera ponerse a mandar en todo, no, sino, espero, como amigo de usted y de su familia.

Por lo que sé, llevan siendo inquilinos de Brocklehurst Grove desde que la buena de la tía Katie murió, hace ya casi cuarenta años. El tío Ches no fue muy claro que digamos sobre cómo empezaron ustedes a vivir allí, pero la verdad es que el tío Ches era muy poco claro sobre la mayor parte de las cosas. ¡Menos sobre el dinero! Por lo que veo, usted le pagaba el alquiler a sus agentes y una renta justa, ya que estamos. No podía tener queja. Sin embargo, como no llegaron a conocerlo nunca, no voy a ponerme ahora a hablar mal de los muertos.

Supongo que a estas alturas usted debe de tener todo un mundo a sus espaldas. Cuarenta son unos cuantos años. ¡Espero que esta carta lo encuentre convertido en un abuelo feliz y rebosante de salud! Por lo que puedo deducir de las cartas de los agentes, tiene usted la suerte de estar acompañado por una esposa y una familia. Tulip me pareció un nombre curioso para una mujer, pero la verdad es que es bastante bonito si uno se para a pensarlo. Confío en que tanto a usted como a los suyos les vaya todo de maravilla.

Tengo la intención de pasar a ese lado del mar a finales de noviembre. No quisiera suponer ninguna molestia, pero me encantaría conocerles a todos y ver la casa en la que la tía abuela Kate nació y pasó todos sus días. El tío Ches solía menear la cabeza y decir que era «todo un personaje», pero nunca llegó a explicar qué tipo de personaje.

Espero con impaciencia poder disfrutar de su compañía y que me cuente todos sus recuerdos. Confío en que me consideren parte de su familia, ya que no tengo una propia.

Muy cordialmente suyo,

ALBERT POND

La consternación

La carta de Albert Pond entró disparada a través del buzón de la puerta del número 5 de Brocklehurst Grove una lluviosa mañana de octubre, antes de que ninguno de sus inquilinos se hubiera levantado de la cama. Era sábado.

—Parece que el cartero se ha pasado por aquí —dijo Vinetta en pleno bostezo.

Joshua se dio una vuelta aún dormido y soltó un gruñido. No le apetecía ni lo más mínimo despertarse. Tenía la pierna hecha harapos y envuelta hasta la rodilla en una vieja toalla de baño, por lo que no esperaba el nuevo día con mucha ilusión que digamos.

—Bueno, será mejor que vaya a mirar —dijo Vinetta, mientras se levantaba lentamente y se ponía las zapatillas.

Las cortinas dejaban pasar una tenue luz diurna. Vinetta bajó sin encender la luz y recogió el sobre de correo aéreo de encima de la alfombrilla de la puerta.

«Correo aéreo», pensó sorprendida. Las únicas cartas que recibían los Mennym eran de negocios: cheques para sir Magnus y demás correspondencia de sus editores, recibos y facturas domésticos, catálogos para Appleby y alguna que otra proposición halagadora para tomar parte en algún sorteo. Pero nunca cartas personales. Y nunca jamás cartas del extranjero.

—¡Es para el abuelo! —exclamó Vinetta, mientras examinaba el sobre con más cuidado.

El abuelo Mennym seguía durmiendo en la mejor habitación de la parte delantera de la casa. Su elegante bigote blanco se le derramaba sobre los labios. Había nacido sabiendo un millar de «perlas de la sabiduría», y eso es mucho saber. Por eso, necesitaba quedarse tendido dándole vueltas a profundos pensamientos todos y cada uno de los días de su vida. No es que aceptaran siempre sus consejos, pero todos creían que valía la pena escucharle.

Magnus era, físicamente, el miembro menos activo de la familia. Nunca dejaba la cama y su única movilidad residía en un pie de terciopelo violeta que colgaba encima de la colcha. Los gemelos, Poopie y Wimpey, a veces intentaban levantar a su abuelo colgándose de aquel atractivo apéndice; pero enseguida el pie se volvía rígido y duro, y los mandaba a los dos de una patada al otro lado de la habitación. Entonces la casa parecía a punto de venirse abajo con sus gritos de supuesto dolor. Era uno de sus números preferidos.

—No arméis tanto jaleo. Harían falta pies mucho más fuertes que el del abuelo para sacaros el relleno a vosotros dos —les decía Vinetta, su madre, con voz cortante, si andaba por allí cerca—. Id a jugar con Googles. O pedidle a Appleby que os enseñe su colección de sellos.

Cuando Vinetta subió a la habitación del abuelo esa mañana de octubre en concreto, el anciano ni se inmutó. El pie violeta siguió colgando inmóvil sobre el borde de la cama.

—Abuelo —dijo Vinetta en voz alta, mientras corría las cortinas—. Tienes una carta de Australia. ¿No es allí donde vive el casero?

El abuelo la miró fijamente, enfocándola con aquellos ojos de botón negro que no se cerraban ni durmiendo, pero que podían variar entre el tono liso y opaco de los sueños y el brillo resplandeciente de los pensamientos inteligentes.

—Ahí es donde vive —gruñó, nada contento de que lo hubieran despertado de sus ensoñaciones—. No sé qué querrá. En cuarenta años nunca habíamos tenido noticias directas suyas. Esa mujer habrá pagado el alquiler, ¿no?

—Pues claro que sí —dijo Vinetta indignada—. Además, a lo mejor no es de él.

—¿Y quién si no puede haber oído hablar de nosotros en Australia? —contestó sir Magnus, dirigiendo una mirada airada a su nuera.

—¿Qué pasa? ¿Qué pasa ahora? —resonó el lamento de la abuela Tulip desde el vestidor contiguo.

La abuela había decidido dormir en la habitación pequeña porque se despertaba muchas veces de noche y le entraban ganas de seguir con su labor de punto, en ocasiones incluso de madrugada. La abuela era increíblemente activa. Se pasaba el día entero en el comedor del piso de abajo tricotando prendas para toda la familia. Sus agujas se movían a una velocidad fascinante y todos sus movimientos eran rápidos y económicos. Hasta su manera de hablar era veloz y siempre con intención.

A los pocos segundos estaba al lado del abuelo. Se hallaba, como siempre, completamente vestida y llevaba un delantal de cuadros azules y blancos. Era una mujercita muy limpia, con el pelo de un blanco puro y una expresión engañosamente tolerante y amistosa, enmarcada por un rostro elegante. Sin pronunciar palabra, tomó el sobre de entre los dedos enguantados del abuelo y lo abrió hábilmente. Al fin y al cabo, ella era la encargada de ocuparse de las facturas y, hasta que no hubieran abierto la carta, ¿cómo saber que no se trataba de alguna petición de dinero extra?

Lo que leyó con las gafas redondas puestas le hizo lanzar una exclamación de sorpresa.

—Pero cómo —refunfuñó, mientras seguía leyendo y los otros dos la miraban con curiosidad.

—¡Vaya por Dios! —exclamó.

—¡Quién iba a decirlo! —murmuró, al llegar al final de la segunda página.

—¿Qué es lo que pasa, abuela? —preguntó finalmente Vinetta.

—Va a venir. ¡Va a venir el mes que viene a conocernos a todos!

Una atmósfera de silencioso horror se apoderó de la habitación.

—No puede ser —bramó Magnus con gran energía, ya que hablaba desde el pozo de su enorme sabiduría y su montículo de almohadas inmaculadamente blancas—. Ahora debe de tener unos ochenta años. No va a ponerse a corretear de Australia a Inglaterra para venir a vernos al cabo de tantos años. No se le ocurrió cuando tenía cuarenta y ciertamente no se le va a ocurrir a los ochenta. Eso es que no has leído bien la carta, mujer.

—¡No me trates así! —replicó con voz cortante la abuelita Tulip—. La he leído perfectamente bien. El que viene no es Chesney, sino su sobrino. Chesney está muerto. El nuevo casero se llama Albert Pond. Esto podría ser grave.

—Pues es el nuevo dueño de la casa —comentó Vinetta en tono de duda.

Magnus miró a las dos mujeres con tristeza, y los ojos negros se volvieron opacos y perdieron toda su vivacidad.

—Sí —dijo con voz lúgubre—; si eso es cierto, es el dueño de la casa. Y hasta se podría decir, no sin razón, que también es nuestro dueño.

—Pagamos el alquiler —dijo Tulip con firmeza—. Todos los meses, en el día señalado, les envío un cheque a los agentes. No puede haber nadie que pague mejor que nosotros. Cada vez que han subido la renta, hemos pagado el dinero extra sin refunfuñar. Y ni siquiera hemos pedido que nos reparen nada. Somos los inquilinos ideales. Al nuevo dueño debería bastarle con eso.

—Si descubre lo que somos de verdad —gimió el abuelo—, me pongo a temblar sólo de pensar lo que podría hacer.

Dicho lo cual, volvió la espalda a las dos mujeres y se echó la colcha encima de la cabeza.

El problema

Brocklehurst Grove estaba construido alrededor de tres de los lados de una gran plaza. El cuarto lado era la carretera principal que atravesaba la población. Tenía una situación ideal, a sólo cinco minutos andando de las tiendas de High Street, pero con todo el aire de pertenecer a una aldea. La estatua de Matthew James Brocklehurst, que se alzaba sobre su pedestal escalonado en el centro de la plaza, daba al conjunto un aire acogedoramente provinciano.

Las casas se encontraban en el extremo superior del mercado del barrio. Se trataba de edificios grandes, independientes y provistos de jardines privados y aislados por setos. Los números del 1 al 3 estaban a la izquierda, y los números del 7 al 9, a la derecha. Al fondo, más alejados de la carretera principal, se hallaban los números del 4 al 6 y, por supuesto, el número 5, en el que vivían los Mennym, se alzaba exactamente en el centro.

La familia del número 5 no era muy conocida en la zona. No es que fueran invisibles, pero preferían que no se fijasen en ellos y, en general, nadie lo hacía. El señor y la señora Jarman, que llevaban veinticinco años viviendo en el número 4, tenían una gran amistad con los England, que vivían ahora en el 6. Sólo llevaban cuatro años viviendo allí, pero se habían hecho amigos de inmediato. Hay gente así. Pero no los Mennym. Ni uno solo de los habitantes de toda la calle había pasado un día con ninguno de los residentes del número 5.

Los Mennym, hay que reconocerlo, tenían sus buenas razones para mantenerse al margen de todos. No era que se sintieran superiores por llevar más tiempo que nadie viviendo allí. Con la salvedad de la señorita Quigley, apenas sí sabían qué significaba eso de sentirse superior. Sencillamente, no se atrevían a mezclarse con extraños.

No eran humanos, ésa es la razón... al menos, no en el sentido más normal de la palabra. No estaban hechos de carne y hueso. Eran pura y simplemente una familia entera de encantadores muñecos de trapo de tamaño natural. Vivían, caminaban, hablaban y respiraban, pero estaban hechos de tela y miraguano. Todos ellos tenían un mecanismo de voz, como el que se les pone a los ositos de peluche para que gruñan de forma realista. Tenían armazones fuertes pero flexibles. La respiración, por su parte, les permitía suministrar a los cuerpos el oxígeno que daba vida al miraguano y sonido a las voces.

Su creadora fue una modista extremadamente hábil que se llamaba Kate Penshaw. Kate nunca tuvo una razón concreta para fabricarlos. No fue más que una afición bastante extraña a la que una anciana solitaria decidió dedicarse de modo obsesivo. Kate nunca notó que había vida en aquellos enormes cuerpos de tela durmiente. Fue al morir y quedar enterrada cuando sus creaciones salieron de su silencio y se apoderaron metódicamente de la casa.

Técnicamente, la propiedad pertenecía a un sobrino de Kate que se llamaba Chesney Loftus y que vivía en Australia, pero nunca había regresado a Inglaterra para reclamarla.

Nadie del barrio se quejó de desperfectos en la casa ni de que se hubiera quedado vacía. Vinetta se encargaba de limpiar los cristales y lavar las cortinas de tul. Joshua y los gemelos se encargaban del jardín. Poopie, de hecho, había resultado ser bastante hábil cuidando de las plantas. De diversos modos, todos ellos se las arreglaban para ganar dinero con el que pagar las facturas y comprar alguna que otra cosilla de vez en cuando.

Como eran muñecos de trapo, no necesitaban comer, aunque sí les venía bien la calefacción para estar calentitos y secos. Además, resultó que podían ver con sus brillantes ojos de botón. Las orejas de fieltro les permitían oír, y la boca aprendió a abrirse y dar forma a las palabras. El cerebro, hecho de miraguano, no resultó tampoco mucho peor —y, en algunos casos, era incluso mucho mejor— que tantos de los humanos.

Los Mennym se dieron cuenta enseguida de que les iba a hacer falta una estrategia para sobrevivir en aquel extraño mundo. Su primera ley habría de consistir en mantener el mínimo contacto posible con seres humanos. Ningún extraño debía nunca darse cuenta de que no estaban hechos de carne y hueso. Cuando salían a la calle, iban a toda prisa, escondidos dentro de las ropas y sombreros con alas o, si lo permitía el tiempo, llevando un gran paraguas.

Aprendieron a usar el teléfono. Se las arreglaron para abrir una cuenta bancaria sin tener que ir a un banco, lo que era perfectamente posible en aquellos tiempos. Incluso registraron el viejo escritorio de Kate y descubrieron un agente al que le podían pagar el alquiler. Esto último había supuesto un cierto ejercicio de fingimiento, pero Appleby Mennym demostró ser muy capaz de inventar las explicaciones necesarias. De modo indirecto, Chesney Loftus fue informado de los nombres de los «invitados de pago» de su tía y de su deseo de continuar como inquilinos en la finca. Todo se hizo de forma sumamente legal, y tanto sir Magnus como su hijo Joshua firmaron el contrato de alquiler. Éste favorecía mucho al propietario, ya que lo liberaba de toda responsabilidad sobre la conservación del edificio y le garantizaba unos ingresos regulares en forma de alquiler mensual que podía subir si el dinero perdía valor. La expresión «en línea con la evolución del índice de precios al consumo» no se usaba en aquellos tiempos, pero significa lo mismo. El incremento anual era a veces un poco más alto de la cuenta, pero los Mennym podían pagarlo y, en cualquier caso, no se encontraban en situación de ponerse a discutir.

Kate, de forma tal vez accidental, los había dejado bien provistos. En su enorme caja de costura, que más parecía un baúl de mimbre, había reunido una buena cantidad de dinero que a los Mennym les bastó para mantenerse durante el difícil periodo de transición entre la muerte de ella y la llegada a la vida de ellos.

Todo eso había sucedido hacía mucho tiempo. Los Mennym, a lo largo de los años, se habían convertido en una eficaz unidad familiar, capaz de enfrentarse casi a cualquier cosa.

Los Mennym jugaban a vivir y cada uno desarrolló sus propios talentos. Sir Magnus se quedaba tendido en su cama y, cada día durante dos horas, domingos incluidos, escribía artículos interesantes que vendía por correo a diversos periódicos y revistas. Appleby era la encargada de ir a la oficina de correos, disfrazada según la época del año, a comprar los sellos o entregar las cartas sin ni siquiera levantar la cabeza.

Joshua ganaba un sueldo pequeño pero regular realizando diversos trabajos en los que podía pasar inadvertido. Para él resultaba bastante complicado porque no era ni la mitad de listo que su padre. Vinetta había aprendido a coser, utilizando primero la vieja máquina de pedal de Kate. A lo largo de los años había ido progresando con máquinas más modernas, pero aún utilizaba la antigua algunas veces, sobre todo cuando estaba preocupada por algo.

En cuanto a los niños, daban clases con Tulip y Vinetta siguiendo un horario fijo y, de vez en cuando, los examinaba sir Magnus. Appleby era su alumna favorita, pues lo halagaba de forma un tanto descarada y fingía sentir interés por todo. Sir Magnus la sonreía con indulgencia y le preguntaba si le hacía falta dinero, y ella, con reparos aparentes, reconocía que nunca tenía bastante para comprar todo lo que necesitaba. Entonces, una mano amiga sacaba de debajo de la almohada un monedero de cuero del que extraía unas cuantas monedas que le entregaba a escondidas.

—No les digas nada a los demás —le susurraba—. Eres una buena chica y necesitas un poco más de dinero.

Soobie, el Mennym azul, había leído todos los libros de la casa por lo menos dos veces. Nadie podía enseñarle nada y no estaba dispuesto a jugar a las lecciones como los demás. A veces le hacía a su abuelo preguntas tan profundas que el anciano, pese a toda su inteligencia, no siempre sabía contestar.

Poopie se parecía más a Joshua y era bueno en las cosas manuales. En cuanto a Wimpey, se trataba de una chica de largos rizos dorados que siempre estaba soñando despierta. Creía en los cuentos de hadas y nunca dejaba de pensar que iba a suceder algo mágico. La pequeña Googles gorjeaba en su cuna o en su cochecito y la «cambiaban y daban el biberón» con innecesaria frecuencia.

La señorita Quigley llevaba la vida más aislada y aburrida de todos, pero eso se debía a que no era más que una visita y pasaba la mayor parte del tiempo en el armario del vestíbulo.

Vivían con poco dinero, por supuesto. No comían ni bebían, salvo en sus fantásticas ficciones. Y nunca se iban de vacaciones, aunque les gustaba leer los folletos.

Evidentemente, nunca envejecían. Googles llevaba cuarenta años siendo un bebé. Sir Magnus tenía setenta años cuando lo fabricaron, y seguía teniendo setenta cuando la carta de Australia cayó por la ranura del buzón.

Pero todo ese mundo encantado se hallaba ahora en peligro.

Durante cuarenta años, habían ido y venido a escondidas por el barrio, arreglándoselas incluso para ir de compras sin que nadie lo notara. Pero, tal como proclamó sir Magnus cuando volvieron a consultarle, uno no puede sentarse en la misma habitación que un hombre sin darse cuenta de que es de carne y hueso; mientras que él, a su vez, vería al otro lado de la mesa una cara de tela con ojos de botón y se quedaría horrorizado.

—¡Horrorizado, no! —exclamó Vinetta, sentada junto a la cama de su suegro—. Puede que seamos raros. Sé que somos raros. ¿Pero no irás a decirme que somos horrorosos? Desde lejos, parecemos normales y corrientes.

—Para él, seríamos horrorosos —insistió sir Magnus, mientras su bigote se estremecía como quien sabe lo que se dice—. Por lo menos lo seríamos al principio. Si además resulta ser una persona sin escrúpulos, acabaría considerándonos unas curiosidades valiosas, lo que sería aún peor.

—¡No somos valiosos! ¡Pero si hasta mi anillo de boda está hecho de latón! —exclamó Vinetta, mirándose la falda de algodón corriente con varios parches.

—Todas las curiosidades tienen su valor —proclamó sir Magnus en tono pomposo.

Se incorporó un poco más sobre su montículo de almohadas y puso la mano sobre la de Vinetta.

—No sé si te das cuenta de lo únicos que somos, pero has visto la televisión. Te habrás dado cuenta de que en ningún otro rincón del mundo existen muñecos de trapo racionales, parlantes y de tamaño natural.

Vinetta pensó por un instante en los Teleñecos, pero notó la diferencia nada más pensarlo.

—Lo que es único y curioso tiene que ser muy valioso —declaró sir Magnus.

Luego, volvió a hundirse en sus almohadas con un gesto de despedida. Vinetta se levantó y, con aquella espantosa carta entre las manos, dejó al abuelo sumido en sus reflexiones.

La rata

Ese día, los Mennym ya tenían suficientes problemas sin necesidad de recibir unas noticias tan terribles desde el otro extremo del mundo. Para empezar, estaba el pie de Joshua y todas las complicaciones que traía consigo.

Joshua llevaba cinco años o más trabajando de guardia nocturno en los almacenes del negocio de electricidad de Sydenham's, al otro extremo de la población. Siempre iba a trabajar andando rápidamente, bien tapado, con la cabeza baja y todo el cuerpo inclinado hacia delante como si no pudiera detenerse.

La entrevista para obtener el empleo había tenido lugar un frío viernes por la tarde, en una caseta sin calefacción y casi sin iluminación. Su patrono apenas le había echado un vistazo. Joshua recordaba la zona de calvicie en medio de la cabeza del hombre mientras se inclinaba sobre la mesa en la que un charquito de luz brillaba sobre la carta de solicitud de empleo que le había escrito Appleby. Joshua llevaba la gorra bien calada y el cuello del grueso abrigo echado sobre las orejas, aunque no tenía por qué haberse preocupado. Clarence Sydenham's se había limitado a mascullar algo sobre las obligaciones y el sueldo, y luego le había puesto delante un papel para que lo firmara. Joshua había empuñado el bolígrafo con la mano enguantada y había garabateado su nombre a toda velocidad. A continuación, Clarence apagó la lamparilla y salió rápidamente en busca de su cochazo.

Joshua se había quedado encantado. Las entrevistas siempre constituían un peligro. En algunas ocasiones, el riesgo le había hecho dar la vuelta, renunciando a entrar en locales mucho más atractivos para hombres mortales, pero demasiado públicos para muñecos de trapo.

El empleo no estaba bien pagado, pero era adecuado y tenía muchas compensaciones a ojos de Joshua. Podía quedarse sentado toda la noche en la pequeña oficina y darse una vuelta por los pasillos llenos de estanterías una vez cada hora aproximadamente. A las siete en punto de la mañana estaba siempre listo, con la cabeza bien tapada con la capucha de su trenca. Entonces, le murmuraba los buenos días a Charlie, que siempre llegaba el primero, y le entregaba las llaves.

—¿Una noche tranquila? —le preguntaba Charlie de forma rutinaria, al tiempo que se acercaba a colgar el abrigo en el perchero que había en un rincón de la oficina.

—Tranquilísima —contestaba Joshua de espaldas a Charlie.

Luego salía rápidamente, como si no quisiera perder el autobús. Pero no era cierto. Por el contrario, echaba a andar a toda prisa con la cabeza baja pero vigilante, para recorrer los cinco kilómetros de calles que lo separaban de su casa. El transporte público estaba demasiado bien iluminado y era demasiado cerrado para que él se arriesgara a usarlo.

Todo fue de primera hasta el jueves anterior a la llegada de la carta de Albert Pond. Esa noche, Joshua había ido a trabajar como de costumbre. Había hecho varias «rondas» para asegurarse de que no había intrusos. (Nunca los había. Sus movimientos por el edificio y las luces que encendía y apagaba a intervalos regulares debían de ser suficientemente disuasorios.) Hacía poco habían instalado una alarma automática, pero Joshua siempre la apagaba nada más entrar. ¡Menuda modernez más inútil!

Había leído el periódico de la tarde. Incluso había cerrado las manos alrededor de una taza de chocolate caliente y había hecho como si se la fuera a beber. No es que hubiera nadie allí que pudiese verlo, pero le gustaba la ficción. Servía para romper la monotonía.

Luego se acomodó en la silla para echar un sueñecito. La oficina era agradable: muy funcional, con un par de archivadores metálicos, una sólida mesa, una luz cenital tenue provista de una pantalla de esmalte blanco, una fina alfombra que no cubría todas las tablas del suelo y que tenía, delante de la estufa de gas, un trocito gastado de ésos en los que podía tropezar cualquiera. No era un mal empleo, si uno lo pensaba bien.

Y entonces, de repente, mientras Joshua dormía, se desató el desastre.

Por la puerta entreabierta del almacén apareció una gran rata hambrienta. Las cajas de metal de los estantes no ofrecían alimento alguno. La rata olisqueó la oficina con cuidado. A continuación, avanzó por debajo de la mesa de despacho hasta la bota de Joshua. Sin prisas pero sin pausas, comenzó a mordisquearla. Luego, al darse cuenta de que el cuero no era nada sabroso, pero convencida de que no había ser humano capaz de atacarla, la rata trepó por la pierna de Joshua y se le comió los pantalones hasta que los trocitos de miraguano comenzaron a caer al suelo revoloteando.

Joshua se despertó de su cabezadita, y al oír un ruido en la zona de su rodilla, bajó la vista y se quedó horrorizado. Nada más levantarse, la rata se zambulló en la oscuridad.

Pero era demasiado tarde. El daño ya estaba hecho.

Los muñecos de trapo no sienten dolor. La herida, si es que se la puede llamar así, no le dolía. Pero, al fin y al cabo, sí era un ser vivo. El dolor es cosa de la carne, pero el miedo pertenece a la mente. Joshua se miró la rodilla rasgada y se quedó aterrorizado.

El reloj de la pared marcaba las seis menos veinte. Joshua no tenía más que una hora y veinte minutos para prepararse, y no iba a ser fácil, ni mucho menos. Joshua se quedó con la vista clavada en la rodilla, en el relleno que seguía cayendo y en la bota mordisqueada que había debajo. ¿Fácil? A lo peor ni siquiera era posible. Diez de aquellos preciosos minutos los pasó como paralizado por culpa del pánico. Nada más huir la rata, se había dejado caer en la silla y ahora no sabía si podría volver a levantarse, por no hablar de andar.

—Algo tendré que hacer —se dijo por fin.

Lo primero era acabar con el escape del relleno y volver a meter todo el que pudiera. Abrió el cajón de la mesa y encontró, para su alivio, un rollo de cinta adhesiva. Otro cajón le suministró amablemente unas tijeras. Así que, con toda la habilidad de la que fue capaz, se dispuso a realizar una reparación de emergencia. Ojalá estuviera allí Vinetta, que era mucho mejor para aquel tipo de cosas.

Tras no pocos esfuerzos, consiguió que la pierna dejara de soltar relleno. Tenía un aspecto anormal y feo, con la pernera del pantalón colgando hecha jirones, pero eso lo podía esconder fácilmente con la trenca. El problema ahora consistía en averiguar si la pierna era aún capaz de soportar su peso y de caminar de forma razonable.

Joshua se levantó. Hasta ahí, sin problemas. Se agarró a la mesa con ambas manos y, con cautela, dio un paso atrás con el pie bueno. Luego trató de hacer otro tanto con el malo, pero en lugar de unirse obedientemente a su pareja, el muy tonto se fue para un lado. Joshua se lo quedó mirando incrédulo. Él sabía muy bien adónde le había dicho que se moviera, pero se había ido para otro lado. A la hora de quedarse de pie, no planteaba ningún problema importante; aunque eso sí, aún seguía con ambas manos sobre la mesa y sus pies, en lugar de estar juntos, se encontraban abiertos.

Le dirigió una mirada de desaprobación a su desobediente miembro inferior izquierdo y le ordenó que avanzara hacia su pareja. Eso funcionó, y Joshua lanzó un suspiro de alivio no del todo sincero.

Soltando la mesa, se irguió e hizo un decidido esfuerzo por llegar al perchero. El resultado fue lo que sólo se puede calificar de «andar gracioso» al más clásico estilo de los andares graciosos. El pie derecho pisaba con firmeza. El izquierdo salía disparado hacia delante antes de estrellarse en un punto del suelo, unos dos palmos más allá de donde debería haber estado. Ese movimiento desequilibraba al pie derecho; pero, dado que era un pie listo y como es debido, enseguida aprendió a compensar las excentricidades de su compañero.

«Supongo que me las podré arreglar», pensó Joshua con pesar, «aunque va a ser un paseo lento.»

Miró el reloj y comprobó que eran las siete menos veinticinco. Rápidamente, se puso el abrigo y se fue hacia el umbral para esperar a Charlie.

Hacía frío, así que no era tan raro ver a Joshua tapado con la capucha y con una de las bufandas de Tulip enrollada alrededor de la barbilla.

—Hoy parece que sí que tienes prisa, chico —dijo Charlie en tono burlón, al tiempo que Joshua le entregaba rápidamente las llaves, antes de que el recién llegado ni siquiera hubiese cruzado el umbral.

—Tengo mucho frío —contestó Joshua, poniendo voz de constipado—. Me muero de ganas por llegar a casa y acostarme.

Charlie entró a colgar el abrigo, y Joshua aprovechó la oportunidad para iniciar su andar gracioso y desaparecer fuera de su vista doblando la esquina. Charlie se dio la vuelta para hacer algún otro comentario chistoso, y se encogió de hombros al ver que el guardián nocturno ya se había marchado.

—Qué tipo más raro —se dijo—. Lo llevo viendo cinco mañanas a la semana desde hace años y, sin embargo, la verdad es que no sé nada de él ni, ya que estamos, de cómo es debajo de todas esas ropas.

Mientras tanto, Joshua se había dirigido con su andar gracioso por los callejones y caminos laterales más tranquilos, en un viaje que le llevó el doble de lo habitual y que se fue haciendo más difícil a medida que se acercaba a casa. La gente lo miraba por el rabillo del ojo, pues su forma de andar no pasaba ni mucho menos inadvertida. Afortunadamente, la voluminosa figura que caminaba con aquella gran trenca no parecía nada amistosa. Y, también afortunadamente, era aún demasiado temprano para que los niños estuvieran ya de camino al colegio, aunque un chico que vendía periódicos sí que le gritó:

—Así no acabará jugando en primera división; eso, se lo digo yo.

Aparte de ese comentario, nadie lo molestó.

Cuando llegó a Brocklehurst Grove, su preocupación aumentó aún más. Debían de ser las ocho y media. Desde la esquina vio un coche que salía del garaje del número 1. Cuando pasó, se puso a caminar con cuidado, pegado al alto seto, rozando las ramitas con el hombro e intentando con todas sus fuerzas volverse invisible.

En el número 2 todas las cortinas estaban aún echadas y la puerta parecía cerrada a cal y canto.

El número 3 fue el peor. Cuatro niños presumidos, vestidos con diversos uniformes escolares, se estaban subiendo al coche armando un gran jaleo.

—Pues yo por lo menos sí que he hecho los deberes —chilló uno de ellos, con una voz que atravesó toda la calle—, y no soy un vago y un tonto como tú.

—Entra —dijo su padre— y cierra el pico.

Las puertas del coche se cerraron violentamente.

Joshua se quedó paralizado. El coche lleno de críos iba a salir a la calle de un momento a otro y pasaría muy cerca de él. Aquellos niños terribles notarían que andaba de forma graciosa y se burlarían. Y tampoco podía quedarse quieto sin más. Eso parecería sospechoso.

Angustiado por la tensión, dobló con cautela la pierna buena y comenzó, durante lo que pareció una eternidad, a desatarse la bota para luego hacer la operación inversa.

El coche pasó de largo.

Joshua se levantó dispuesto a seguir andando, pero la pierna izquierda salió disparada hacia delante antes de que la buena estuviera preparada y entonces se cayó, yendo a dar con el trasero en la acera, al tiempo que las manos enguantadas salían disparadas hacia atrás para evitar una caída completa. Dos de los niños que iban en la parte trasera del coche lo vieron, lo señalaron y se rieron. Pero el automóvil con los jovencitos desagradables se perdió enseguida a lo lejos.

Desde detrás de las cortinas de tul del dormitorio delantero, la señora Jarman, del número 4, vio la caída. Lo conocía vagamente de vista, o conocía la figura de Joshua por lo menos. De no haberse levantado de inmediato, hubiera salido a ver si necesitaba ayuda. Según desaparecía Joshua detrás del seto, entrevió su andar gracioso, pero lo achacó a la torpeza propia de alguien que acababa de caerse y no le dio la menor importancia. Si a los Mennym les gustaba ir a lo suyo, era su problema.

Vinetta ya estaba en la puerta aguardándolo, pero cuando lo vio acercarse con aquel andar gracioso, frunció el ceño.

—¿A qué te crees que juegas? ¿O es que quieres que todo el mundo se te quede mirando? —le espetó—. ¿Y se puede saber dónde te habías metido?

Pero cuando Joshua se acercó más y vio la tristeza que tenía dibujada en el rostro, se dio cuenta de que algo iba realmente mal, así que se fue hacia él corriendo y le brindó el hombro para ayudarlo a entrar en la casa.

La pierna

Cuando Vinetta vio la pierna de Joshua y oyó la historia, se convirtió en la viva encarnación de la ayuda y la comprensión. Nunca había visto una rata, salvo en la enciclopedia de la tía Kate, pero sabía que si a ella le hubiera pasado lo mismo se habría quedado diez veces más aterrorizada que Joshua.

—Fuiste muy valiente, Joshua —le dijo en tono tranquilizador.

Al mismo tiempo, observó la pierna dañada y pensó que la cinta adhesiva estaba puesta de muy mala manera. Un arreglo más limpio hubiese sido más fácil de deshacer. Ahora tenía la pierna, desde el muslo hasta casi la parte superior de la bota, envuelta en cinta pegajosa y arrugada. Evidentemente, lo había hecho presa del pánico. Y quitársela no iba a ser nada agradable.

Con la mayor tranquilidad del mundo en los gestos, Vinetta ayudó a Joshua a sentarse en su sillón y encendió la televisión, que estaba dando pausadamente las noticias de la mañana. Luego, le ofreció una taza de té ficticia y Joshua se enfrascó en el tranquilizador ritual de hacer como si se la bebiera.

—Estaba muy rico. La verdad es que tú sí sabes preparar una taza de té como es debido —dijo Joshua, al tiempo que dejaba la taza en una pequeña mesa que tenía junto al sillón.

Vinetta era capaz de hacer que todo pareciese solucionable y normal. Cuando terminaron las noticias, apagó la televisión.

—Y ahora —dijo Vinetta con cautela—, tendré que hacer algo con esa pierna.

Joshua puso cara de preferir que no hiciese nada, pero sabía que tendría que aceptar lo inevitable.

—Primero voy a quitar toda esa cinta tan pegajosa —dijo Vinetta con firmeza.

Y comenzó a dar fuertes tirones hasta que la cinta, el miraguano y algunos trocitos de pierna empezaron a acumularse alrededor de los pies de Joshua, que la miraba entre perplejo y asustado.

—Tendré que ir al mercadillo a por un retal y un poco de relleno para rehacer esa pierna —dijo Vinetta en un tono lo más neutro posible, ignorando la expresión del rostro de su marido.

Era fácil comprar en el mercadillo callejero oculta bajo un sombrero o un pañuelo bien calado sobre el rostro, unas gafas oscuras para ocultar los ojos de botón y el cuello del abrigo vuelto hacia arriba para hacer más sombra. De hecho, Vinetta iba con frecuencia al mercado, pero los únicos días en que estaba abierto eran los jueves y los sábados, como bien sabía Joshua.

—¿Y qué pasa con el trabajo de esta noche? Voy a necesitar la pierna.

—No puede ser —dijo Vinetta—. Tendrás que ponerte enfermo. Al fin y al cabo, nunca has estado enfermo, y tienes derecho a estarlo.

Joshua no pareció nada convencido. En realidad, puso cara de muchísima preocupación.

—No sé cómo ponerme enfermo. Habrá que decírselo a alguien. La empresa confía en mí.

—Llámales por teléfono —dijo Vinetta, haciendo gala de todo su sentido práctico—, o déjame que les llame yo por ti.

La expresión de su rostro se convirtió en pura agonía.

—Aparte de la primera entrevista, que por suerte fue muy corta, nunca he hablado con ellos. No quiero hablar con ellos. A lo mejor les da por ponerse amables; a lo mejor mandan a Charlie por aquí para ver cómo estoy. Es peligroso.

Vinetta se dio cuenta de que tenía razón.

—Le preguntaremos a Appleby —dijo finalmente.

No es que Appleby fuese más lista que los demás, pero toda la familia sabía —después de cuarenta años viviendo juntos tenían que saberlo— que su miembro adolescente era la mejor a la hora de inventarse historias o explicaciones verosímiles.

—Appleby —la llamó su madre desde el pie de las escaleras—. ¡Appleby!

La voz de Vinetta subió de tono y sonó irritada.

—¿Y ahora qué quieres? —respondió de mala manera la larguirucha de su hija apoyada en la barandilla.

—¿Crees que son formas de hablarle a tu madre? —dijo Vinetta enfadada—. Cada vez respondes peor. No te hubiera llamado tan temprano si no fuera importante. Baja aquí y te lo explicaré.

Appleby bajó despacio. Era una muñeca larga y joven, vestida con vaqueros y un jersey muy largo y estrecho (que no habían hecho ni Kate ni Vinetta, sino que lo había comprado hacía poco en el mercadillo).

—¿Y bien? —preguntó de mala gana.

De algún modo, Kate se las había arreglado para introducir en el alma de Appleby una agresividad que adoptaba formas distintas en momentos distintos, pero que siempre estaba ahí. Tenía casi la misma edad que Soobie, pero eran tan absolutamente diferentes que resultaba difícil pensar que perteneciesen a la misma familia. Para empezar, Appleby tenía la cara de color rosado como los humanos, mientras que la de Soobie —única incluso en aquella extraña familia— era totalmente azul. Con sus ojos de botón plateado y su traje de lino azul a rayas, el rechoncho y robusto Soobie se quedaba sentado tranquilamente, día sí día también, junto a la ventana, contemplando a los pájaros, a los árboles y a las personas que pasaban ante la verja de hierro forjado. También contemplaba a Appleby cuando entraba o salía camino del mercado o de

Correos. Appleby siempre estaba yendo y viniendo a alguna parte en cuanto las calles se empezaban a poblar. En sus cuarenta años de existencia, Appleby no había visto nunca un solo amanecer.

—Intenta ser un poco más educada —se quejó Vinetta, sabedora de que su petición iría a parar a oídos sordos.

Appleby bajó ruidosamente las escaleras y se dejó caer en el suelo frente al fuego. Si el espectáculo que presentaba la pierna de su padre le parecía extraño, se las arregló muy bien para no demostrarlo.

Vinetta le explicó el problema. Appleby cambió su actitud de inmediato. Cuando le pedían que hiciera uso de sus habilidades especiales, no había nadie más agradable en el mundo entero.

—Tendrán que saberlo hoy mismo —dijo en tono firme—. Se pondrían furiosos si esta noche el almacén se quedara sin vigilancia. No veo cuál es el problema de llamar por teléfono.

—No pienso llamar por teléfono —la interrumpió Joshua en tono decidido.

—¡Vale, vale! ¡Nadie ha dicho que tuvieras que llamar tú!

—Y tú tampoco vas a llamar. Nadie va a hablar con nadie en esta casa; ¿me entiendes?

—Bueno, si cierras el pico sólo un segundo, te diré lo que deberíamos hacer —dijo Appleby, volviéndose a poner desagradable.

La joven se levantó y se fue dando saltos en dirección a la silla que había junto a la ventana. Por el camino pasó junto a Soobie y, «accidentalmente», le tiró el libro que tenía en la mano.

—Vale ya —gruñó Soobie, al tiempo que recogía el libro y volvía a su lectura sin pronunciar ni una sola palabra más.

Appleby le dirigió a su padre su mirada de enfado, pero decidió retomar la cuestión con más amabilidad.

—Es sencillo. Te escribiré una nota y mamá la puede llevar a la caseta y marcharse rápidamente.

Escribieron la nota como si fuera de Vinetta.

«Estimado señor», comenzaba diciendo.

—¿Hace falta todo eso de «estimado»? —se quejó Joshua—. No soy más que el vigilante nocturno, no sé si lo sabéis. No hay nadie a quien estime, ni a quien llame «señor», ya que estamos.

—Es así como se hacen estas cosas, papá —le explicó Appleby con cierta irritación—. Pregúntale al abuelo. Él lo sabe. No me explico cómo los dos sois tan ignorantes.

Vinetta le dirigió una mirada de ira a su hija, pero no abrió la boca. Appleby leyó la nota entera en tono cortante y al doble de la velocidad normal:

Estimado señor:

Mi marido no podrá acudir al trabajo durante unos cuantos días. Ha pillado un catarro muy fuerte y tiene fiebre.

Por cierto, me comenta que anoche vio una rata en el almacén. Cree que deberían llamar a alguien antes de que se produzca ningún daño.

Atentamente,

VINETTA MENNYM

—¿Por qué mencionas a la rata? —preguntó Joshua enfadado.

—Querrás volver al trabajo, ¿no?

—Claro que sí. Es mi empleo y ayuda a pagar las facturas.

—Bueno, pues no creo que quieras tener más problemas con las ratas cuando vuelvas. La verdad es que es una pena que no puedas pedir una indemnización.

—No seas estúpida —gritó Joshua—. Ya que sabes tanto, doña Inteligente, ¿cómo explicarías lo del relleno sin que se descubriera todo? ¡Venga, contéstame a eso!

En ese instante, la agitación hizo que más miraguano cayera al suelo.

—Tendré que hacerle un arreglo provisional —dijo Vinetta, que volvió a los pocos minutos con un gorro de lana y una vieja toalla de baño.

—Fíjate —le dijo, actuando al tiempo que hablaba—. Te rellenaré el agujero con el gorro, luego te envolveré la pierna con la toalla y la fijaré con cuatro imperdibles. La dejaremos así hasta que pueda ir al mercado.

Cuando acabó, ayudó a Joshua a meterse en la cama y, firmemente, le dijo que tendría que quedarse así el día y la noche enteros.

—Appleby puede llevar la nota a Sydenham's y, de paso, comprarte un periódico a la vuelta.

Appleby, sin embargo, se había quedado exhausta tras escribir la carta.

—Esta mañana no pienso salir. De hecho, puede que hoy no salga en todo el día. ¿Por qué tengo que echar a correr para hacerle los recados a todo el mundo? Me has hecho levantarme tan temprano que estoy cansada.

Para Appleby era fácil ir a cualquier parte. Por si alguien se acercaba demasiado, llevaba un sombrero de fieltro negro con ala ancha que le tapaba casi todo aquel rostro de muñeca. Últimamente, también le había dado por ponerse muchísimo maquillaje. De hecho, con la excepción de los ojos de botón verde, parecía una adolescente cualquiera.

Vinetta estaba acostumbrada al descaro de Appleby, ya que llevaba sufriéndolo de distintas maneras desde hacía cuarenta años. Aunque la fase actual parecía aún peor que todas las demás juntas, Vinetta sólo podía esperar y confiar en que se le pasase.

Por eso, ni insistió ni discutió. Simplemente, se limitó a decir en tono ácido:

—Ya que te cuesta tanto, lo haré yo. Eso sí, no te creas que me voy a dar prisa la próxima vez que necesites que te cosan o laven algo con urgencia.

En paro

Estimado señor Mennym:

Le agradezco su nota para justificar su inevitable ausencia. Esta carta no está de ningún modo vinculada a su enfermedad. Nos sentimos plenamente satisfechos con su puntualidad y con el cumplimiento de sus obligaciones, por lo que estaremos encantados de poder recomendarlo para cualquier puesto de trabajo en el futuro.

Sin embargo, nos han señalado que la instalación, hace cuatro meses, del nuevo sistema de seguridad ha convertido en innecesario el empleo de vigilante nocturno. Usted ha acompañado a la empresa desde sus inicios y ha sufrido los problemas de la instalación, por lo que le expresamos nuestro más sincero agradecimiento por su labor.

En cuanto a su informe sobre la rata, el asunto quedó solventado el viernes por la tarde. Resultó ser sólo un animal aislado que se había colado por un desagüe de la parte de atrás del local, justo donde los empleados del gas han estado trabajando.

Le adjuntamos un cheque que cubre la falta de aviso previo, la indemnización por el despido y una gratificación por la prontitud con que ha descubierto y nos ha informado del problema con el roedor.

Acepte por favor nuestros mejores deseos para que se recupere prontamente y disfrute de un futuro próspero.

Atentamente,

CLARENCE Y JOSEPH SYDENHAM'S

A Joshua le entraron ganas de llorar nada más leer la carta y dejó caer el cheque, que revoloteó hasta el suelo. Había disfrutado con su empleo de vigilante nocturno para

Sydenham's; de hecho, se había convertido en una parte importante de su vida. No es que fuera un trabajo bien pagado. Sir Magnus sacaba mucho más con sus artículos. La costura de Vinetta también estaba bien pagada. Nadie tenía ni la menor idea de cuánto dinero ganaba Tulip. Pero a Joshua le gustaba pensar que él también aportaba su parte. Al fin y al cabo, hasta los muñecos de trapo tienen facturas que pagar y cosas que comprar.

La pierna volvía a estar completamente entera y ahora llevaba un par de pantalones nuevos que Vinetta había comprado en un tenderete del mercado, y adaptado al tamaño y formas de su marido. La verdad es que estaba bastante guapo, pero Charlie nunca podría entrever sus pantalones nuevos y él nunca tendría entre las manos las llaves del almacén.

—Me he dejado allí la taza —dijo finalmente—. Pienso ir a recogerla.

—Eso sería una estupidez de primera —dijo Vinetta—. No puedes entrar y llevártela. El sistema de seguridad te lo impediría. Y además, ¿se puede saber qué tiene esa taza de especial?

—Era mía —dijo Joshua, con una indignación poco común en él—. Llevaba un escudo pintado con las palabras «Port Vale F.C.-1876» alrededor. Por las noches, la llenaba con agua caliente, la tomaba entre las manos cuando hacía frío y simulaba estar bebiendo chocolate. Le tengo mucho cariño a esa taza, Vinetta.

—Hay más tazas en el mundo —dijo Vinetta, haciendo como que no le había entendido— y también habrá otros empleos. ¿Por qué no pruebas en Peachum's, a ver si te vuelven a contratar para hacer de Santa Claus?

—Para eso faltan por lo menos otras cuatro semanas —se quejó Joshua—. ¿Y qué voy a hacer mientras tanto? Soy un trabajador y quiero trabajar.

—Bueno, pues vamos a fingir que necesitas unas pocas semanas para ponerte bien. Al fin y al cabo, la verdad es que has tenido un problema muy grave en la pierna. Si estuvieras hecho de carne y hueso, lo más probable es que nunca hubieses podido volver a andar.

—Si estuviera hecho de carne y hueso, la rata nunca se hubiese atrevido a hacer lo que hizo. ¡No digas bobadas, mujer!

Vinetta insistió. Estaba acostumbrada a insistir. Después de cuarenta años, se había convertido en parte de su carácter.

—Eso no importa —siguió diciendo—. Nosotros hacemos como que estás un poco enfermo y, si quieres, te puedo dar un poco de medicina ficticia, y tú te puedes quedar todo el día con la bata y las zapatillas leyendo el periódico y viendo la tele.

Eso sonaba bastante interesante. Joshua se incorporó y decidió apuntarse a la nueva representación con un entusiasmo creciente.

—Y luego me iré poniendo mejor poco a poco —dijo— y daré paseos cortos alrededor de la manzana, bien abrigado contra el frío. Madre me puede tricotar un par de guantes nuevos... verdes.

En ese momento entró Poopie seguido por Wimpey, que le gritaba:

—¡Devuélveme la cinta o no volveré a jugar contigo nunca más!

—Basta ya —dijo su madre con firmeza—. Vuestro padre no se encuentra nada bien y necesita paz y tranquilidad.

Sentado en su sillón junto a la ventana, Soobie levantó la vista con curiosidad. El Mennym azul era el menos dado a fingir. Normalmente, le bastaba con sentarse y mirar, pero de vez en cuando las locuras de su familia lo sacaban de quicio.

Para cuando Appleby bajó a tomar su desayuno de mentira, la última ficción estaba bien consolidada. Se lo contaron todo y Appleby se introdujo en escena con gran entusiasmo.

—Yo puedo ir a la farmacia a por un poco de medicina de verdad —sugirió—. Así parecería más auténtico.

—¿Qué tipo de medicina? —quiso saber Joshua con recelo.

—La más barata que pueda encontrar, por supuesto —dijo Appleby—. Al fin y al cabo, sólo estamos interesados en conseguir el frasco y la cuchara.

Soobie gimió. No sería tan terrible, pensó, si hubiesen estado de verdad locos y se hubieran creído sus propias comedias. Pero no; aceptaban completamente que todo era ficción y, sin embargo, la seguían como si de verdad fuese necesaria.

La mención del frasco recordó a Vinetta que debía de ser la hora del biberón y el cambio de pañales de Googles. La madre se dirigió rápidamente a la pequeña habitación lateral en la que el bebé gorjeaba en su cuna. Con mucho cariño, Vinetta cambió el pañal inmaculado y luego se fue a la cocina a por el biberón, que estaba listo y calentito en un cazo lleno de agua caliente.

—Era un ratoncito chiquito, chiquito —cantó— que asomaba el morro por un agujerito...

Wimpey había seguido a su madre a la habitación y se había sentado a sus pies.

—Papaíto no puede salir —dijo como quien lo sabe todo—. No, Googles, papá no se encuentra nada bien y necesita paz y tranquilidad.

Una visita de la señorita Quigley

El martes por la tarde, a las dos menos diez, la puerta del armario del vestíbulo se abrió desde dentro. Vinetta, que estaba colgando los abrigos de la familia en el perchero del vestíbulo (no había nadie en la familia a quien pudiera convencer para ser así de ordenado), le dio la espalda por pura amabilidad.

Los gemelos, Poopie y Wimpey, estaban en el cuarto de los niños jugando al Monopoly y haciendo un montón de ruido. Soobie estaba en su ventana, en la sala de estar, y no oyó cómo se abría el armario.

Joshua, en la cocina, aún en bata y zapatillas, fingía estar preparando té en la vieja tetera marrón de la tía Kate. Él sí oyó abrirse el armario, y levantó sus lanosas cejas, pero no volvió la vista.

Sólo Appleby, que bajaba las escaleras en aquel preciso instante, vio abrirse la puerta y, con muy mala idea, clavó la vista en la señorita Quigley, que salía de su interior. La señorita Quigley se quedó cohibida y ruborizada, una sensación que Vinetta percibió.

—Ojalá aprendieses a colgar el abrigo, Appleby —dijo Vinetta con severidad—. No sé cuántas veces tengo que decírtelo. La mesa del vestíbulo no está para guardar abrigos. Quién sabe si esta misma tarde vendrá alguien de visita.

Vestida con su limpio traje de *tweed* marrón, a juego con los guantes y los zapatos marrones y un gran bolso marrón, la señorita Quigley se escabulló agradecida en dirección a la cocina, mientras Vinetta distraía la atención de Appleby.

Allí, Joshua servía el té imaginario en una gran taza vieja y levemente desconchada, e ignoró a la señorita

Quigley, que pasó a su lado para salir de la casa por la puerta trasera. Así era como lo hacían, como siempre lo habían hecho durante cuarenta largos años. Nadie hablaba nunca con la señorita Quigley cuando ésta salía por la puerta de atrás. No querían incomodarla haciéndole ver que ella vivía en un armario y no era verdad que fuese la dueña de una casa elegante al final de la calle Trevethick.

La puerta trasera se cerró a sus espaldas, Joshua dejó la taza en la mesa y se dirigió al vestíbulo.

—Creo que debería subir a vestirme —le dijo de mal humor a una Vinetta que ya estaba encerando la mesa del vestíbulo—. Esta tarde a lo mejor tenemos compañía y me sentiría muy estúpido así vestido.

Vinetta le dirigió una mirada de irritación.

—Creía que habíamos decidido que estarías tres semanas enfermo. Tulip no ha terminado aún de hacerte los guantes, porque yo le dije que no había ninguna prisa. Además, he conseguido que Appleby se interese por tu convalecencia, y bien sabes que no hay muchas cosas sensatas por las que Appleby sienta interés.

—No tengo intención de salir aún a la calle. Los guantes pueden esperar y me puedo poner enfermo como es debido más tarde. Me sentiré agotado y me iré a la cama poco después de que se haya ido la visita, si es que tenemos alguna visita.

—Muy bien —suspiró Vinetta—. Supongo que tendremos que conformarnos con eso. He vuelto a arreglar el vestíbulo. Así que dile a los gemelos que armen menos ruido o que salgan a jugar al jardín trasero. Soobie nos puede avisar si viene alguien.

En ese momento, el rostro gordezuelo de Soobie apareció en la puerta del salón.

—Ya viene —les dijo a sus padres el Mennym azul, al tiempo que les dirigía una mirada severa.

—¿Quién viene? —preguntó Vinetta, con la mayor naturalidad del mundo.

—No es el inspector del agua, así que no hace falta que eches a correr a por las gafas oscuras.

—No te hagas el gracioso —replicó Vinetta con aspereza—. Te lo volveré a preguntar: ¿quién viene?

—Sabes muy bien quién viene. Es la única persona que nos hace visitas —contestó Soobie en tono cortante.

—No deberías decir ese tipo de cosas, Soobie. Podría tratarse de cualquiera. Así que, ¿a quién has visto venir hacia la casa?

Justo en ese momento, sonó el timbre. Vinetta se miró rápidamente en el espejo del vestíbulo y ordenó su limpio pelo negro.

—¿Quién podrá ser? —murmuró a propósito.

—Es la señorita Quigley —dijo el Mennym azul—. Lo sabes perfectamente.

Vinetta no le hizo caso y abrió la puerta. Joshua, que ya había hecho callar a los gemelos, echó a correr escaleras arriba para ponerse presentable y poder recibir a una señora soltera tan formal.

—¡Hortensia! —exclamó Vinetta con alegría—. ¡Menuda sorpresa! Qué detalle por tu parte venir, especialmente cuando hace tanto frío. Por favor, ven a sentarte junto al fuego.

Vinetta indicó con un gesto elegante el camino hasta el salón, donde un juego de tres sofás de cuero estaba dispuesto alrededor de la calefacción de gas. Enfrente del sofá más grande había una larga mesa baja, con bonitos relieves en el borde y en las patas, además de un tablero muy encerado.

Vinetta le dirigió una mirada de advertencia a Soobie, que había regresado a su silla junto a la ventana y estaba leyendo una revista. Luego, tras asegurarse de que su visitante estaba cómodamente sentada, fue a por el té. La bandeja siempre estaba preparada en la despensa, con tazas de porcelana, jarrita de leche, azucarero y una bandeja con galletas viejas.

Vinetta esperó pacientemente el tiempo que hubiera tardado en hervir el agua y hacerse el té. Una vez completada esa ficción, llevó la bandeja con cuidado a la mesa, junto al fuego.

—Qué bien —dijo la señorita Quigley, con una sonrisa afectada—. Me encanta esa porcelana con dibujos de sauces. Y esas galletitas rosas son las que más me gustan. ¡Ya sabes lo golosa que soy!

Vinetta le pasó la bandeja a la señorita Quigley, que tomó una de las galletas viejas e hizo como si la mordisqueara suavemente. Después, le dio un satisfecho sorbo al té invisible que le había servido Vinetta. Finalmente, volvió a dejar la galleta y se apartó una inexistente miga del labio superior.

—He pasado delante de los Jarman camino de aquí —dijo la señorita Quigley en tono confidencial—. Ella estaba otra vez curioseando por la ventana. No entiendo cómo puede haber gente tan cotilla. Y entré por la verja justo cuando la señora England pasaba con su perro labrador. Me alegro de haberla evitado, porque habla muchísimo.

El sombrero de la señorita Quigley era de ala ancha y lanzaba una buena sombra sobre su rostro de muñeca, pero era imposible que pudiese hablar de cerca con los vecinos sin que éstos se dieran cuenta. Ella lo sabía perfectamente, pero hubiera sido maravilloso poderse quedar a intercambiar chismes sobre los demás. Y sólo había una cosa que se parecía a eso: criticar algo que uno no pudiese tener.

—Estoy encantada de que hayas podido venir hoy —dijo Vinetta—. Tengo tanto que contarte. No te vas a poder creer todo lo que nos ha ocurrido por aquí. La semana pasada ha sido más agitada que muchos años.

La señorita Quigley fue toda oídos para la historia de Joshua y la rata. Se sintió sinceramente horrorizada, pero al mismo tiempo absolutamente fascinada. Era verdad; ese tipo de cosas no pasaban todos los días; ni todos los años siquiera.

—¿Y cómo os las vais a arreglar? —preguntó preocupada, cuando se enteró de que Joshua había perdido el empleo.

—Bueno, la verdad es que tenemos algunos ahorrillos —dijo Vinetta con orgullo— y el cheque que nos mandaron no estaba nada mal. Yo sigo ganando dinero con la costura; Tulip tiene su propio negocio, y luego, por supuesto, Magnus está muy bien pagado, aunque a Joshua no le gusta depender demasiado de su padre. Al fin y al cabo, él también tiene su orgullo.

—Pronto encontrará otro trabajo —dijo la señorita Quigley para alentarla—. Dentro de poco les hará falta un Santa Claus en Peachum's. Ya hizo ese trabajo hace unos cuantos años, ¿no?

—Hace seis, para ser exactos; pero la verdad es que al año siguiente le pidieron que volviera porque estaban muy satisfechos.

Joshua entró en el salón vestido con sus pantalones nuevos y un jersey gris de cuello vuelto.

—Buenas tardes, señorita Quigley —le dijo, con la voz más agradable de la que fue capaz, para luego sentarse en el sillón que había a la izquierda del fuego y servirse una taza de té de mentira—. Vinetta ya le habrá contado lo de mi pierna —añadió.

—Ciertamente, señor Mennym. Debió de ser una experiencia terrible. Me dio mucha pena cuando me enteré. Confío en que ya se sienta mejor.

—Poco a poco —dijo Joshua—. Voy mejorando poco a poco, pero aún necesito mucho reposo.

En ese momento, Wimpey, que seguía en el cuarto de juegos, cayó en una casilla en la que Poopie tenía un hotel. Su chillido sobresaltó a los adultos; pero él debió de recordar a la visita, porque entró corriendo en el salón, pidió disculpas y se volvió a marchar rápidamente.

Sin hacer ningún comentario, Vinetta pasó a la noticia siguiente.

—Tengo que contarte otra cosa, pero es más grave que el accidente de Joshua.

La señorita Quigley puso la cara de susto que era de esperar. No podía haber nada más grave que ver cómo una rata se te merendaba la pierna, para luego perder el empleo sin que te dé tiempo a recuperar el aliento.

Vinetta le explicó entonces lo de la carta de Albert Pond. La pobre señorita Quigley la miraba con los ojos desorbitados y llegó a perder los papeles de su representación. Aquel australiano, comoquiera que se llamase, era el dueño de la casa. ¡El dueño de la casa! Incluso era el dueño del armario, y la señorita Quigley estaba segura de que esa persona no iba a cumplir las reglas.

—¡Qué horror! —exclamó, al tiempo que se derrumbaba en el suelo.

—Se ha desmayado —dijo Soobie desde la ventana—. Y no está fingiendo.

No se movió del asiento ni se ofreció a ayudarlos, sino que, tras haberles comunicado a sus padres un hecho que tal vez se les hubiese pasado por alto, volvió a enfrascarse en su revista.

Tulip salió del comedor de la cocina para ver a qué venía tanto revuelo. Llevaba las agujas de hacer punto en la mano y las gafas de leer colgadas de la punta de la nariz. Consideraba a la señorita Quigley amiga de Vinetta y, normalmente, evitaba entrometerse durante sus visitas.

—¿Qué le pasa? —preguntó, con su brusquedad de costumbre.

Sin más comentarios, dejó las agujas en la cómoda y se dispuso a echar una mano.

—Venga. Ayudadla a levantarse. No podemos dejarla ahí tendida.

Ayudaron a la señorita Quigley a sentarse en el sofá, le dieron palmaditas en las manos y en las mejillas pintadas, intentanto revivirla. Soobie agitó el sombrero de ala ancha de la señorita Quigley y le dio aire con todas sus fuerzas. Poco a poco, recuperó el sentido y, cuando acabó de recuperarse más o menos, se ruborizó.

—No sé qué me ha pasado —dijo muy nerviosa—. Debe de ser el calor del fuego. De todas formas, será mejor que me marche ya. Me alegro de que en la calle Trevethick no tengamos ningún australiano. La casa es mía, ya lo sabes, porque me la dejó mi padre. Ya os vendré a visitar otra vez la semana que viene, para ver qué tal van las cosas.

La señorita Quigley se marchó con toda formalidad por la puerta principal, tras estrecharle la mano a Joshua y darle un suave beso a Vinetta en la mejilla. Tulip se abstuvo de despedirse y, por una vez, se ajustó a la imagen de la inabordable lady Mennym. Estaba claro que lo del desmayo le había parecido muy mal y que se sentía ofendida por los comentarios de aquella tonta sobre la casa de la calle Trevethick.

Se cerró la puerta. Diez minutos después, la señorita Quigley entró a escondidas por la puerta de atrás y se coló, sin que nadie lo advirtiera, en su armario particular.

Sir Magnus convoca una reunión

Sir Magnus Mennym estaba incorporado sobre sus almohadas, con la mesita portátil sobre el regazo. El pie púrpura colgaba con aire desenfadado sobre el cubrecama. Sir Magnus estaba quieto, pero no dormido. Acababa de terminar la creación de un crucigrama para el prestigioso *The Times* y se había detenido a reflexionar (7 horizontal: en el ajuar doméstico suele haber muchos platos, tazas, etc. de eso).

De repente, agarró un robusto bastón que había a la izquierda de su almohada y golpeó el suelo con mucho vigor. Al ver que no aparecía nadie, volvió a golpearlo, pero el doble de fuerte.

—¿Se puede saber qué pasa? —exclamó Vinetta, al tiempo que subía las escaleras a la carrera y entraba en el dormitorio.

—Llámalos a todos —dijo su suegro, con voz impresionante y pomposa.

Vinetta se sobresaltó tanto que olvidó aquellos golpes terribles que habían amenazado con hundir el techo y se limitó a hacerse eco de la última palabra pronunciada por sir Magnus.

—¿A todos?

—A todos —repitió él. Luego se detuvo a reflexionar un instante—. A todos, salvo a Googles y, por supuesto, a la señorita Quigley, a menos que dé la casualidad de que nos visite hoy.

—No —dijo Vinetta—, ya estuvo aquí el martes. Dijo que volvería algún día de la semana que viene.

—¿Dónde está Tulip? ¡Es como si no estuviera casado, por lo poco que la veo!

—Está en el comedor pequeño, ordenando las facturas. Siempre está ocupada, ya lo sabes, Magnus. Y es la única de toda la casa que entiende de cuentas. Soobie podría hacerlo también, pero no quiere.

—Appleby os dejaría a todos en pañales —dijo su abuelo a la defensiva—. Déjale a ella las cuentas...

—Déjale a ella las cuentas —le interrumpió Vinetta, en un acto de realismo—, y tendremos todas las novedades del mercado para adolescentes y nada en el banco. Iré a buscar a Tulip.

—Y a Appleby y a Soobie... y hasta a esos terroríficos gemelos. Dile a mi hijo que más le vale venir a él también, aunque es difícil imaginar que tenga algo que decir. Tendremos que hablarlo entre todos y tomar algún tipo de decisión.

Vinetta no hizo ninguna pregunta. Se marchó rápidamente y les dijo a todos que fueran a la habitación del abuelo.

—¿Qué quiere ahora? —refunfuñó Appleby—. Esta mañana ya le he comprado los periódicos y esta tarde iré a llevarle el correo.

—No sé lo que quiere, pero me imagino que tendrá algo que ver con la carta de Australia.

—¡Ah, eso! —dijo Appleby, al tiempo que balanceaba las piernas sin levantarse, justo enfrente del espejo de su cómoda.

Appleby intentaba con todas sus fuerzas no parecer interesada, pero no lo conseguía. Tras cuarenta años de una adolescencia cada vez más problemática, aún no había alcanzado el aburrimiento perfecto.

Poopie y Wimpey estaban en el cuarto de los niños. Poopie estaba ocupado en lograr que su soldado articulado se deslizase por una cuerda en medio de la selva. Wimpey, que le hacía caso omiso, estaba leyendo, probablemente por vigésima vez, un libro infantil muy antiguo y gastado. A los dos les gustó que los invitaran a una reunión familiar, porque normalmente se los consideraba demasiado pequeños para ese tipo de cosas.

Cuando llamaron a Tulip, ésta se tomó su tiempo para ordenarlo todo y ponerlo en su sitio. El archivador que tenía en el pupitre contaba con compartimentos para todo tipo de cuentas. El costurero que había «heredado» de la tía Kate estaba lleno de lanas de todos los colores, pero ni un solo hilo estaba fuera de su sitio, ni una sola madeja estaba enmarañada.

—No tardaré ni un minuto —dijo, lamentando todos los minutos que iba a perder, al tiempo que introducía en su bolsa de lona la rebeca que estaba haciendo.

Si tenían que celebrar una reunión familiar, al menos podría hacer algo útil mientras todos se quedaban sentados hablando. Si Magnus esperaba que fuera la atenta y digna lady Mennym, se iba a llevar un buen chasco.

Soobie se mostró aún más difícil.

—No voy a subir —dijo rotundamente—. Va a ser otra de sus estúpidas interpretaciones, y estoy harto de ellas. ¿Qué pasa esta vez? ¿Va a hacer testamento para enviárselo a su abogado?

—No es justo —protestó Vinetta—. No es todo ficción. Nosotros somos reales, ¿o no?

—Pienso —dijo Soobie con sarcasmo—, luego es evidente que existo. Y por lo menos yo sé lo que soy, que es algo que no se puede decir del resto de vosotros. Soy un muñeco de trapo azul que, Dios sabe cómo, puede pensar y moverse. No como ni bebo. No sé qué es pasar hambre ni sed. No me mezclo con los seres humanos, y sé que la señorita Quigley vive en el armario del vestíbulo.

Vinetta se sintió muy ofendida.

—Eso ha sido muy, pero que muy cruel —le dijo—. Creía que eras mejor persona. Puede que seamos lo que tú dices que somos, pero no sólo pensamos y nos movemos. También tenemos sentimientos, y eso es algo que cualquiera puede herir.

Soobie puso cara de avergonzado.

—Lo siento —dijo—. Tienes razón, claro. No hay ninguna necesidad de que la pague con los demás porque yo esté triste. Es sólo que me cuesta aceptar que soy un muñeco de trapo en un mundo que está evidentemente pensado para los seres humanos.

—Por eso fingimos que somos seres humanos —le dijo Vinetta en tono persuasivo—. Sé que no es perfecto, pero ayuda. Ha funcionado más o menos durante cuarenta años. Y además tenemos algunas ventajas. Por ejemplo, nunca envejecemos.

Vinetta se miró la cara en el espejo de encima de la chimenea. Un rostro de mediana edad, pero bastante agradable y atractivo, enmarcado por un cabello negro y ondulado, e iluminado por unos ojos de botón azul jaspeado en los que su personalidad había proyectado una inteligencia vivaz: una cara amable, casi sin arrugas de preocupación alrededor de la boca y un pequeño pliegue entre las cejas. Era exactamente igual que cuando la había visto por vez primera hacía cuarenta años.

Soobie la miró con cariño. Sabía que era una buena madre, un poco quisquillosa, tal vez, más ansiosa de la cuenta, quizá, pero buena.

—Ojalá yo pudiera fingir —trató de explicar—, pero no puedo. Tengo que ver las cosas como son de verdad.

Vinetta probó con otra táctica.

—De todas formas, no creo que el abuelo nos haya llamado para otra representación de la suyas. Creo que quiere celebrar una reunión acerca de la carta de Australia. Esa carta sí que es bien real y la amenaza que plantea es más que real.

—Muy bien —dijo Soobie con desgana—. Iré.

Se levantó con movimientos rígidos del sillón que había a la derecha de la ventana que daba al jardín y, más allá, a la calle. Soobie se sentaba ahí todos los días durante el día entero. Por las noches sí que subía a su habitación para acostarse, porque los muñecos de trapo pueden dormir. También se pasaba la esponja por las mañanas para que no se le acumulara el polvo en la cara y en su traje a rayas. A veces, dejaba que Vinetta le lavara la ropa. Cuando sucedía eso, se quedaba en la cama hasta que las prendas estaban lavadas, secas y aireadas. En toda su vida, sólo dos veces había tenido mudas nuevas, aunque siempre insistía en que debían ser copias fieles de las prendas originales. A Soobie no le hacía gracia la pasión por la moda de su hermana Appleby. El rostro azul y el traje azul a rayas eran *él*.

La reunión

Soobie y Vinetta llegaron los últimos a la habitación del abuelo.

—Os lo habéis tomado con calma —refunfuñó el anciano—. Tú siéntate aquí, Vinetta —dijo, señalando hacia la única silla que había quedado vacía en la habitación—. Y tú, Soobie, puedes quedarte ahí, en el suelo. Toma un cojín.

Dicho lo cual, Magnus le arrojó el cojín a Soobie con tanto vigor que lo derribó, y Poopie y Wimpey, que estaban sentados hombro con hombro en el diván, lanzaron una risita nerviosa.

—Te lo tenías merecido —dijo el abuelo—. No deberías habernos hecho esperar.

Joshua estaba sentado en una silla de respaldo recto cerca de la puerta. Había decidido no abrir la boca. La ansiedad de su esposa y el carácter dominante de su padre lo desbordaban por momentos. La pérdida de su cómodo y solitario empleo aún le tenía triste y cabizbajo.

Appleby estaba apoyada contra un extremo de la cama del abuelo, a una prudente distancia del pie colgante, aunque en su condición de nieta favorita cabía suponer que nunca recibiría un puntapié.

Tulip, lady Mennym, estaba sentada en el gran sillón, enfrascada en su modelo de costura, limpiamente dibujado, antes de volver a su labor en la rebeca que tenía en el regazo. No era para nadie de la familia, sino parte de su propio negocio. Cuando lo mandase a Harrods, unos almacenes de prestigio de Londres, tal como había hecho ya con otras prendas, podría venderlo como ropa de artesanía, para ganar más dinero con el que pagar las interminables facturas. Muchos miembros secundarios de la realeza y las modelos de moda usaban la marca Tulip-Mennym, y se la recomendaban a los amigos que podían permitirse el lujo de llevar una ropa tan exclusiva.

El abuelo la miró y rechinó el bigote. Evidentemente, no le estaba prestando ninguna atención, pero al menos había venido.

—Bien —dijo el abuelo, en tono de mal augurio—, empecemos por el principio. ¿Qué pensáis de la carta de Albert Pond?

Nadie respondió.

—¿Joshua? —preguntó el anciano, al tiempo que miraba con insistencia en dirección a su hijo.

—Nada en especial —dijo Joshua, en un esfuerzo por economizar.

—¿Pero qué respuesta es ésa? —preguntó Magnus con creciente irritación.

Silencio.

Poopie miró fijamente al abuelo. Sus ojos de botón azul eran muy grandes e inocentes. El flequillo, rubio y recto, le llegaba a las cejas. Su boquita se esforzó por plasmar un pensamiento en palabras.

—¿Por qué cree que ser un *sir* es tan importante, abuelo? —dijo por fin, con una voz infantil llena de intriga—. ¿Por qué eres un *sir*? —en cuarenta años, ni se le había ocurrido planteárselo.

Sir Magnus, por una vez en su vida, pareció incómodo. Para ser sinceros, no tenía ni la menor idea de por qué era un *sir*. Al haber nacido ya con setenta años de edad, había muchas cosas que no sabía de sí mismo cuando era joven. La memoria que llevaba incorporada no incluía información alguna sobre cómo y cuándo le nombraron *sir* y entró en la nobleza. La memoria es muy caprichosa y selectiva. Pero lo que complicaba aún más la situación era que Kate, o quienquiera que fuese el responsable, no le había hecho mentiroso por naturaleza. Por eso, inventarse una historia y contarla con convicción era algo superior a sus fuerzas.

Appleby acudió al rescate.

—Se llama sir Magnus —dijo como quien no quiere la cosa— porque la reina le nombró caballero por sus servicios al periodismo y por los artículos que envió de joven desde lugares conflictivos. ¿No sabías que estuvo en Egipto durante la crisis del canal de Suez?

Sir Magnus dirigió a su nieta una mirada de profunda admiración. Aquello era todo un clásico en sus representaciones, aunque le pareció demasiado arriesgado dejarla seguir adelante.

—Cosas de juventud —dijo, quitándole importancia al asunto—. Agua pasada no mueve molino.

—Pero, ¿qué es ser caballero? —insistió Poopie, siempre con la mirada de ansiedad bajo el flequillo rubio. Ahora tenía el aspecto de un cachorrillo que acabara de oler un hueso.

—Esa pregunta es irrelevante —dijo bruscamente el abuelo.

De haber estado el pobre Poopie más cerca del pie púrpura, no cabe duda de que hubiese acabado dándose una torta contra la pared.

—Lo relevante —continuó diciendo rápidamente— es la propuesta para venir a visitarnos que nos hace este joven. ¿Cómo se lo impedimos?

—Ignoremos la carta —dijo Soobie—. Si no contestamos, supondrá que no la hemos recibido o que, aunque haya llegado, no queremos saber nada de él.

—No sabemos lo que supondría —insistió sir Magnus—, e incluso en el caso de que supusiese cualquiera de las dos cosas que dices, eso no le impediría dejarse caer por aquí sin avisar uno de estos días.

—No parece la clase de joven que se pueda presentar sin aviso —dijo Vinetta con ansiedad—. Parece demasiado sensible y considerado.

Sir Magnus no estaba dispuesto a que lo desviaran del asunto.

—Debemos pensar, Vinetta, que, a menos que lo disuadamos, hay muchas posibilidades de que sí venga. Así que, ¿cómo lo hacemos?

Appleby, sin pedir permiso a nadie, le arrancó la carta al abuelo. Ya la había leído antes. Todos la habían leído. Ahora la volvió a leer más despacio y con más cuidado.

—Necesitamos —dijo, reflexionando en voz alta— una excusa incontestable explicando que estaremos ausentes todo el mes de noviembre.

—Nunca en la vida hemos estado ausentes y, desde luego, no vamos a empezar ahora —dijo Soobie en tono amenazante.

—No tenemos que irnos de verdad —explicó Appleby con picardía—. La ausencia sólo será ficticia. Di que hemos reservado unas vacaciones en Cornualles y, por supuesto, evitaremos decirle exactamente dónde.

—¡Unas vacaciones en Cornualles en pleno mes de noviembre! —dijo Soobie en tono burlón—. Esta excusa no alcanza tu nivel habitual, Apples. Yo lo podría hacer mejor, y eso que ni siquiera me gustan las excusas.

—Está bien, jovenzuelo —refunfuñó el abuelo—, ya que eres tan listo, hazlo mejor.

Appleby le dirigió a Soobie una mirada de furia provocada por los celos. «Que se atreva a hacerlo mejor», decía la mirada. Luego, justo cuando la atmósfera se estaba volviendo insoportablemente tensa y el pie púrpura se estremecía y se moría de ganas por darle una patada a algo o a alguien, a Appleby le llegó la inspiración.

—Ya lo tengo —dijo—. Es fácil. Nos vamos a Canadá para hacerles una visita de un mes a nuestros primos Satty y Lodie, que acaban de tener un bebé y van a bautizarlo.

—¿Y quiénes, si es que lo puedo preguntar, son Satty y Lodie? —preguntó Soobie, con una voz acentuadamente sarcástica.

—¿Es que nunca escuchas nada de lo que te digo? Acabo de explicártelo. Son nuestros primos. Llevamos tres años sin verlos. Entonces, Satty se casó con Lodie en Londres en una boda por todo lo alto. Fuimos todos. Los gemelos eran mucho más pequeños por aquella época, y Lodie los tuvo de pajes. Querían que yo fuese dama de honor, pero no pudo ser porque, incluso con doce años, ya era más alta que Lodie y me pareció que podía quedar mal. Googles ni siquiera había nacido por aquel entonces.

—¡Espera! ¡Espera! —exclamó el abuelo—. No creo que nos haga falta toda una historia familiar. Sin embargo, la explicación sí que parece bastante creíble. Escribe tú la carta, Appleby. Yo la corregiré por si hay errores y la firmaré. Considéralo un deber de la clase de lengua. Y de geografía también, ya que estamos. ¿En qué parte de Canadá viven?

El pie púrpura se había relajado y se balanceaba despreocupado cerca del suelo. El abuelo, por una vez, estaba sentado muy recto y sin apoyarse ni en cojines ni almohadas. Su actitud reflejaba su entusiasmo.

Sin la menor vacilación, Appleby eligió «Manitoba». Era un nombre que sonaba precioso.

—De acuerdo —dijo el abuelo, guiñando aquellos ojos de botón negro—. Mira a ver qué puedes aprender sobre Manitoba antes del viernes que viene.

El viernes era el día de la semana en que Appleby daba clases con el abuelo. Ahora no sabía si sentirse irritada o complacida.

—Y tú, Soobie... —comenzó a decir sir Magnus, pero no consiguió acabar la frase.

Soobie se había levantado de un salto de su cojín de terciopelo, resistiendo la tentación de arrojárselo a alguien.

—Me voy —dijo el Mennym azul con energía, al tiempo que le brillaban los ojos plateados—. Ya me he cansado de todo esto. Vosotros podéis hacer el payaso todo lo que queráis, pero yo no voy a entrar en ese juego.

Joshua, sin moverse de la silla, se echó hacia delante y abrió la puerta para permitir la huida de Soobie.

Mientras Soobie salía pavoneándose de la habitación, su padre le dirigió una mirada de profundo asentimiento. Los ojos de rombo ámbar de Joshua ocultaban más de lo que revelaban. Joshua solía llevar la cabeza entrecana y la barbilla hundidas en el cuello, como un monje enfrascado en su breviario. Lo único que quería siempre era que lo dejaran tranquilo. ¿Acaso era pedir demasiado?

Tulip dejó su costura y miró a todos una vez que Soobie salió de la habitación.

—Os aseguro que no sé qué le pasa a esta familia —los regañó—. Nunca podemos tener una reunión sin que alguien salga echando chispas.

—Ese alguien casi siempre es Soobie —dijo entonces Appleby con mala idea—, y ojalá dejara de llamarme Apples. Sabe que no aguanto ese nombre.

Joshua reunió valor para hablar, aunque fuera contracorriente.

—Vamos a dejarlo estar —dijo con firmeza—. Que Appleby escriba la carta. Creo que debería estar firmada por mí y no por papá. Ese joven, evidentemente, no ha calculado qué edades tenemos y no nos conviene buscarnos complicaciones en el futuro. Según su manera de contar el tiempo, papá debería tener ciento diez años.

Carta a Australia

Querido Albert:

Confío en que no te importe que te tutee. Eres tan amable que empiezo a pensar en ti como parte de la familia. Todos lo hacemos.

Mi padre ha recibido tu amable carta y nos la ha enseñado. Por supuesto, nos encantaría conocerte. Te escribo en nombre de todos nosotros, desde el más viejo hasta el más pequeño.

Desgraciadamente, durante la época en que vas a estar en Inglaterra, la casa estará cerrada. Todos vamos a realizar una visita que debíamos hace mucho tiempo a nuestros primos de Manitoba. Acaban de tener su primer hijo tras tres años de matrimonio. Salimos para Canadá el martes que viene, con el fin de llegar a tiempo para el bautizo. El viaje lleva semanas apalabrado y no volveremos a Brocklehurst Grove hasta Navidades; época en la que sin duda tú estarás ya de vuelta en casa.

Las coincidencias son extrañas, ¿verdad? Nosotros llevábamos tres años sin tan siquiera ir de vacaciones y, sin embargo, así son las cosas: ahora tenemos reserva para viajar justo cuando hubiéramos preferido quedarnos aquí para conocerte.

Hay mucho de bueno en la vida familiar, Albert. Dices que aún no tienes intención de casarte. Permíteme, desempeñando el papel del padre que no tienes, que te aconseje. Yo me casé con Vinetta hace diecisiete años, y éste fue un paso que nunca he lamentado. Busca a una buena chica y sienta la cabeza. Los treinta años son la edad justa para que un hombre se case. Estoy seguro de que por esa parte del mundo debe de haber muchas chicas que estarían dispuestas, por así decirlo, a apreciar todas tus virtudes, como ya nos ha sucedido a todos. Por tu carta, pareces un muchacho sumamente agradable.

Atentamente,

JOSHUA MENNYM

Joshua se vio obligado a copiar el relato epistolar de Appleby, con su lenta y trabajosa caligrafía. La verdad es que lo suyo no era escribir. Cuando llegó a la firma final, se sintió aliviado, por supuesto, pero muy incómodo.

—No suena a mí —refunfuñó.

—No es necesario —le dijo Vinetta con paciencia—. Él nunca sabrá cómo eres; lo que no viene nada mal, teniendo en cuenta lo poco que hablas. Appleby ha escrito una buena carta. A mí me gusta ese trozo sobre el matrimonio.

—Cómo no —dijo Joshua en tono de queja.

—¿No te das cuenta? —le explicó Vinetta—. Cuando se case, sentará la cabeza y no tendrá ganas de ponerse a viajar por el mundo en busca de Mennyms amistosos.

—O nada amistosos —dijo Soobie, poniéndose del lado de su padre como de costumbre—. Vamos a enviarla por correo y a acabar con el asunto.

Introdujeron la carta en un sobre de correo aéreo, pusieron los sellos y lo lacraron.

—Espero que estos sellos sean suficientes —dijo Vinetta en tono de preocupación.

—Claro que sí —dijo Appleby con absoluta certeza. Ella sí sabía de estas cosas.

—La echaré camino del mercado —dijo su madre, ansiosa como de costumbre por tenerlo todo hecho y correctamente ordenado.

—¡No! —exclamó rápidamente Appleby—. Ya la echaré yo. Echar cartas es cosa mía. De todas formas, tenía que ir esta tarde a Correos.

Appleby tomó la carta acabada y se la guardó en el bolsillo de los vaqueros.

—Ten cuidado y guárdala bien —dijo Vinetta preocupada—, y no te olvides de mandarla.

—A mí nunca se me olvidan las cosas —dijo Appleby dándose aires—. Pregúntaselo al abuelo.

Wimpey les había estado observando con expresión tranquila y soñadora.

—Si le escribimos, a lo mejor nos contesta. Incluso puede que nos mande algo por Navidad. A mí me gustaría un oso koala. El abuelo dice que los koalas viven en Australia.

—Boba —se burló Poopie—; no se pueden mandar animales por correo, porque se morirían.

Wimpey se sonrojó al tiempo que se enfadaba. Se echó el pelo hacia atrás y miró con furia a su hermano.

—No estoy hablando de un oso vivo —y, antes de que Poopie pudiera hacer algún chiste sobre los muertos, añadió—. Quiero decir uno de juguete, como mi osito de peluche.

El empleo navideño de Joshua

Tulip repasaba las cuentas. Siempre se sentaba en una mesita antigua que tenía en un rincón del comedor pequeño y que dedicaba exclusivamente a realizar esta importante tarea el tercer jueves de cada mes.

Joshua llevaba cerca de cuatro semanas sin empleo. Magnus esperaba el pago de tres artículos sobre «Las primeras batallas de la guerra civil inglesa», un tema del que era especialista. Vinetta había dejado en depósito cuatro vestidos de niña en una pequeña tienda de ropa de la localidad. Así que hasta que se vendieran los trajes ella no recibiría ningún dinero. En Harrods seguramente acababan de recibir las tres rebecas que les había enviado Tulip y, aunque eran buenos pagadores, nadie paga a vuelta de correo. Aún quedaba dinero en el banco, pero Tulip siempre tenía mucho cuidado. Le gustaba que los ingresos del mes pudieran cubrir los gastos. Además, se negaba a considerar como ingresos el dinero del despido de Joshua. ¿No era una indemnización única? Bueno, pues las indemnizaciones se debían guardar para casos especiales y no usarse para los pequeños gastos de la vida de cada día. Así es como se las habían arreglado, a lo largo de los años, para comprar televisores, una máquina de escribir para Magnus, una máquina de coser más moderna para Vinetta, abrigos nuevos para Joshua, juguetes bonitos para los niños en Navidades y cumpleaños, y muchos otros artículos caros.

Tulip sumó unas cuantas cifras y frunció el ceño. Habían gastado mucho en gas, electricidad, lana, hilo, telas y productos de limpieza. Y este mes tenían además la factura del teléfono. Todas las llamadas eran exclusivamente de negocios; pero dado que aparecer en persona entrañaba muchas dificultades, el teléfono no era un lujo, sino una necesidad básica. Por teléfono, un muñeco de trapo suena exactamente igual que cualquier persona.

Tulip parecía pensativa. Hizo sonar la campanilla que tenía en la mesita para llamar a Joshua, pero éste no solía hacerle mucho caso.

—¡Papá! —gritó Soobie, desde su asiento habitual en la sala de estar—. ¿Es que no oyes? La abuela te está llamando. Es el tercer jueves.

Joshua estaba sentado en la escalera, aburrido y sintiendo pena de sí mismo. El trabajo le gustaba. Estaba acostumbrado a ir a trabajar. Hacía que el tiempo que pasaba en casa fuera mucho más agradable.

—Ya voy —dijo—. Ya voy. No hace falta convertirlo en una tragedia nacional.

Entró en el comedor pequeño, donde su madre seguía tocando la campana con tanto entusiasmo, que más parecía el triángulo de una orquesta.

—Para ya, madre —dijo Joshua con irritación—. Ya estoy aquí. ¿Qué quieres?

Sin pronunciar palabra, le entregó bruscamente las cuentas. Joshua se quedó mirándolas con la confusión dibujada en el rostro.

—A mí me parece que están bien —dijo con su habitual brevedad, al tiempo que se acariciaba su pelo castaño con los dedos.

Era un pelo bien hecho. Tenía hasta mechones canos en las sienes y encima de la frente.

Tulip le dirigió a su hijo una mirada de reproche. Sus ojos de cristal podían parecer especialmente vidriosos cuando se lo proponía.

—Las sumas están bien hechas —le dijo ella en tono seco—. Las matemáticas son uno de mis fuertes, pero incluso para alguien no tan experto como tú, debería estar claro que este mes nos ha ido mal. Ha salido más dinero del que ha entrado. La situación, por lo tanto, no es nada satisfactoria.

Joshua la miró, aún sin entender nada.

—Creo que llevas ya bastante tiempo de convalecencia, Josh —dijo Tulip finalmente—. Toma.

Y le pasó el periódico local del día anterior, abierto por la sección de trabajo y con una oferta rodeada por un círculo rojo. Tulip creía sinceramente que tenía que ser cruel para ser bondadosa.

Joshua leyó.

—La tienda de Peachum's busca un Santa Claus —dijo sin ningún interés.

—Te contratarán enseguida. Dile a Vinetta que vuelva a ponerte los bigotes blancos, que es lo que más les gustó de ti la última vez. Los bigotes de verdad son mucho mejores que los que la gente se pone sujetos a las orejas.

Joshua parecía muy reacio.

—No me gusta ese empleo —dijo—; no me gusta en absoluto. Ya no me gustó la última vez. Me alegré de tener ya un empleo, cuando al año siguiente me volvieron a llamar. No me gustan los bigotes ni las cejas pobladas.

—Pero sí que te gustará el dinero —le explicó su madre—, y necesitamos más ingresos de los que hay ahora mismo. Antes eras muy trabajador. Ahora parece que te basta con quedarte sentado en las escaleras con la barbilla entre las manos. Pues no te sienta nada bien... ni a todos los demás tampoco, ya que nos ponemos.

Eso le dolió. Joshua se enfadó por lo injustas que eran sus palabras, pero no se lo discutió.

—Iré —respondió con frialdad—. Pídele a Appleby que escriba la carta de costumbre. Veo que ya lo tenías decidido.

—Puede recordarles que ya has hecho el trabajo otra vez y que quedaron muy satisfechos. Así ni siquiera tendrás que superar una entrevista, sino que te ofrecerán el trabajo directamente.

—Supongo que sí —dijo Joshua, sin mostrar el menor entusiasmo.

Tulip lanzó un suspiro.

—Si yo hubiera sido un hombre —dijo—, me hubiese encantado ser Santa Claus y ver a todos esos niños felices, ilusionados con la Navidad y agarrados a sus juguetes. Además, no podrías encontrar otro trabajo en el que estuvieras más escondido. La barba, la capucha, las cejas pobladas y las mejillas rojas son un disfraz perfecto.

—Mocosos egoístas que no paran de chillar y manosearlo todo con los dedos pegajosos —murmuró Joshua, pero no antes de haber llegado a la puerta.

—Puede que tenga oídos de tela —dijo su madre con aspereza—, pero eso sí que lo he oído. No todos los seres humanos son desagradables y egoístas. Los más pequeños aún siguen llenos de cosas buenas y lo sabes perfectamente.

***

Joshua lo sabía. Sentado bajo el árbol de Peachum's, había recibido a madres y niños que iban a verlo como si creyeran que era de verdad. También iban madres enfadadas con niños caprichosos, pero la mayoría no era así ni mucho menos.

Un día de lluvia, tres figuras que llevaban gruesas gabardinas con las capuchas bien caladas, incluso dentro de la tienda, se acercaron entre risitas al rincón más adornado.

—Bueno —le dijo Santa Claus al niñito que se colocó a su lado—, ¿qué quieres que te traiga este año?

Poopie se rió discretamente con la cabeza inclinada.

—Quiero un tren —masculló.

—Habla más fuerte, pequeño —dijo Joshua, rodeando con el brazo los hombros del niño.

—Quiero un tren, papá —dijo Poopie, ya riéndose abiertamente y mirando directamente a Joshua para que pudiera verle la cara a pesar de la capucha.

—Sal de aquí —siseó Santa Claus, con un tono venenoso que no le correspondía al personaje—. ¿Es que quieres que nos descubran a todos?

Entonces miró a la niñita de rojo que estaba detrás de Poopie y se dio cuenta de que era Wimpey. Por eso, la adolescente alta y delgada que tenía una mano sobre el hombro de Wimpey, sólo podía ser Appleby.

—Ya sólo nos falta Soobie —gimió Joshua.

—Eso será el día que a las ranas les salgan pelos —dijo entonces Appleby en tono burlón—. Soobie no ha salido de casa desde...

Appleby no pudo acabar de hablar. Un niño de verdad que había detrás de ella se estaba poniendo impaciente y había empezado a empujar. Con gran presencia de ánimo, Joshua puso dos paquetitos envueltos con papel de regalo en manos de los gemelos, azul para Poopie y rosa para Wimpey, y les instó a que siguieran su camino.

—Bueno, muchachote —le dijo Santa Claus al niño de cinco años con cara avinagrada que había estado empujando—, ¿qué quieres tú que te traiga este año?

—Un monstruo —dijo el niño—, uno de verdad, con los ojos saltones y pilas.

Su madre dirigió una sonrisa nerviosa hacia la capucha de Santa Claus.

—Ya veré lo que se puede hacer —respondió Santa Claus en tono diplomático—. Tendrás que esperar al día de Navidad, pero mientras tanto, vaya, vaya, a ver qué tenemos en mi tonel de diversiones…

El niño se metió entero en el tonel y se puso a revolver en el fondo, como si los mejores regalos estuvieran escondidos allí.

—Azul para los niños y rosa para las niñas —dijo Santa Claus, cuando por fin el niño salió a la superficie con un paquete rosa que volvió a tirar rápidamente dentro; pero sólo para zambullirse de nuevo y ponerse a revolver.

No era uno de los niños más agradables.

Esa tarde, Joshua regañó a Appleby.

—No vuelvas a hacer eso nunca más. ¿Es que quieres que pierda mi empleo?

—No le hemos hecho mal a nadie —dijo Appleby—. Nosotros también tenemos derecho a pasárnoslo bien de vez en cuando. No todos somos como tú y como Soobie.

—Tanto peor —dijo Joshua.

Joshua se sentó a tomar su cena ficticia y a beber sin ganas su taza de té imaginario. Ellos también tenían derecho a pasárselo bien de vez en cuando. Los muñecos de trapo tienen tanto derecho a la Navidad como cualquiera. La furia de Joshua se desvaneció, pero sólo para ser sustituida por tristes reflexiones.

Soobie, el Mennym azul, estaba muy quieto, sentado en su silla junto a la ventana y, al pensar en lo que acababa de oír, lloró para sí porque no eran humanos y, por mucho que fingieran, nunca podrían serlo.

—Pero podemos fingir —dijo Soobie por fin, con amargura y a pesar suyo, pero con determinación—. Tendremos el árbol y los regalos como de costumbre. Por lo menos los regalos serán de verdad.

—En la tienda hay un pavo de cartón —intervino Joshua— y nadie lo echará de menos. Me lo traeré a escondidas en Nochebuena.

—¿Estás seguro de que eso está bien? —preguntó Vinetta en tono ansioso—. A mí no me parece demasiado honrado.

—Pues claro que está bien —dijo su marido—. Siempre tiran ese tipo de cosas cuando terminan las fiestas.

Vinetta pareció tranquilizarse y comenzó a perfeccionar con entusiasmo esa última ocurrencia.

—Pondremos la mesa como lo hacen en los libros. Yo puedo comprar un poco de fruta de verdad. No importa que no nos la podamos comer. A lo mejor hasta traigo una botella de vino para poder sacar las copas de la tía Kate. Y luego está el mantel de damasco, que sólo hemos usado una vez... la última en la que celebramos los quince años de Appleby.

Vinetta se sentía mejor y a los otros también se les alegró la cara.

—Le escribiré una nota a la señorita Quigley para invitarla a la comida de Navidad.

—¡No, no! —protestó Joshua—. Vamos a fingir que este año ella celebra la Navidad en su propia casa.

—No —dijo Vinetta con firmeza—. Al fin y al cabo es Navidad. Un tiempo de buena voluntad. La tía Kate se pondría muy triste si supiera que la pobre señorita Quigley pasa sola la Navidad en la calle Trevethick.

Soobie empezó a lamentar haber puesto en marcha aquella locura, pero resistió la tentación de mencionar el armario del vestíbulo.

—Al menos —dijo en tono poco convencido, además de que no venía muy a cuento—, cuando estás triste sientes algo... Y eso sí que es de verdad.

***

Cuando por fin llegó la Navidad, todos la disfrutaron. Los regalos de verdad se compraron gracias a un generoso descuento especial para los empleados de Peachum's. Todo el mundo recibió algo bonito y nuevo: chales, zapatillas, libros, un tren y una muñeca de verdad para una muñeca que no era de verdad.

—Sabe *hablar* —dijo Wimpey, cuando tiró de un cordón que tenía la muñeca en la espalda.

—Me llamo Polly —decía la muñeca con una voz irritante e inexpresiva, y con un acento muy raro—. Y tú, ¿cómo te llamas? ¿Quieres una chocolatina?

A Appleby le encantó y, de inmediato, se puso a imitar el acento, preguntándoles a todos una y otra vez si querían una chocolatina, hasta que le pidieron a gritos que lo dejara ya.

—Tranquilizaos y no levantéis tanto la voz —dijo Vinetta, cuando el jaleo duraba ya demasiado tiempo—. Estáis asustando a Googles, y no sé lo que la señorita Quigley pensará de vosotros.

La señorita Quigley estaba sentada en una silla de respaldo alto, cerca de la puerta de la sala de estar, con sus regalos sobre las rodillas.

—Es sólo la emoción —dijo—. Ha sido una Navidad deliciosa, y es la mejor comida que he tomado en toda mi vida.

La señorita Quigley se levantó y guardó sus regalos en una gran bolsa de la compra.

—Me temo que tengo que marcharme ya —dijo—. Está oscureciendo, y mi pobre gatito debe de estar pensando que me he perdido. Muchas gracias por todo.

Vinetta la acompañó hasta la puerta delantera. Todos se despidieron, salvo Soobie, que estaba leyendo su libro de Navidad, y Tulip, que estaba ocupada en la cocina, enguantada hasta los codos y entre espuma de jabón. Los platos que tanto trabajo le estaban dando ya estaban limpios, por supuesto; pero fregarlos constituía una ocupación agradable y solitaria, además de que uno siempre puede hacer que hasta los platos limpios brillen un poquito más.

Diez minutos después, la puerta trasera se abrió sigilosamente, y la señorita Quigley pasó de puntillas junto a Tulip y se coló en el armario del vestíbulo. Esta vez, nadie, ni siquiera Appleby, hizo ni la más mínima señal de haberla visto.

La segunda carta de Albert

—¿Pero se puede saber qué haces?

Vinetta estaba en la parte superior de las escaleras mirando a Appleby, que había llenado el vestíbulo de nieve y estaba ocupada tratando de hacerla desaparecer antes de que nadie se diera cuenta. Eran las siete y media de la mañana de un sábado de mediados de enero.

—Nada —dijo Appleby, mientras trataba de ganar tiempo para pensar.

Vinetta bajó las escaleras aún en bata y observó a su hija con recelo.

—¿Y qué es nada? —le exigió saber.

—He salido por la puerta de atrás para ver la nieve y, al volver, me di cuenta de que había venido el cartero. Fui a recoger las cartas, pero me olvidé de que tenía las botas llenas de nieve y...

—¿Y por qué te has levantado tan pronto? —la interrumpió su madre—. Si ni siquiera es de día. Dudo que en ninguna ocasión hayas visto el mundo a esta hora de la mañana.

Appleby sólo pareció levemente incómoda y siguió con sus explicaciones.

—En la habitación hacía tanto frío que no podía dormir, y por eso me levanté y me vestí. Y ya está. No necesito permiso de nadie para levantarme y vestirme, ¿o sí? —preguntó con firmeza, volviendo a su estado de ánimo habitual—. Entonces pensé que, ya que estaba vestida, podía ir a ver cuánta nieve había caído. También pensé en hacer un muñeco de nieve para sorprender a Poopie y a Wimpey, pero me he puesto un poco nerviosa ahí fuera, en la oscuridad.

La explicación era convincente. Vinetta se encogió de hombros y extendió la mano para pedir las cartas que llevaba Appleby.

—Una es de Harrods. La abuela estará contenta —comentó Vinetta, que miraba el primero de los cinco o seis sobres.

El siguiente era una factura, igual que el que lo seguía. Luego había uno para sir Magnus, obviamente de un editor. Finalmente, con sobresalto, Vinetta llegó al último sobre. Era una carta de correo aéreo. El sello era de Australia. Estaba dirigido, con una caligrafía agradable, que a estas alturas ya era conocida por todos, al señor Joshua Mennym y familia.

—Como si no tuviera ya suficientes preocupaciones —dijo Vinetta.

—Me parece que me voy a volver a la cama —dijo Appleby con un bostezo, al tiempo que se dirigía hacia las escaleras.

—Eso es —dijo Vinetta en tono cortante—. No creo que te volvamos a ver la cara hasta la hora del té. ¡Seguro que levantarte tan temprano te habrá dejado exhausta!

—¡No hace falta ponerse sarcástica! —le espetó Appleby—. ¡En esta casa, por mucho que una se esfuerce todo os parece mal! —dicho lo cual, subió dando saltos a su habitación y cerró con un portazo.

Vinetta lanzó un suspiro. Entró en la sala de estar, que estaba a oscuras, encendió la luz y la estufa de gas, y se sentó en su sillón favorito. Puso todas las cartas, salvo la australiana, en la bandeja del correo que había en el escritorio. Luego abrió la carta de Albert Pond con recelo, sacó dos finas hojas azules y dejó que el sobre cayera al suelo revoloteando.

Querido Joshua y familia:

Me es difícil expresar la alegría de recibir una carta tan amable de mi familia inglesa, porque así es como os considero ahora. He tardado en contestar porque sabía que estaríais en Canadá, y he pensado que no tenía mucho sentido escribirle al felpudo de la puerta.

Ni que decir tiene que lamenté que tuvierais que iros justo cuando prácticamente teníamos una cita.

Tal como han salido las cosas, resulta que todo ha sido para bien. Un compañero mío de Queensland decidió casarse en Navidad y me pidió que fuera su padrino. Nos conocemos de hace mucho: fuimos al colegio juntos. Así que no quise negarme. En realidad, si he de seros sincero, me encantó. Nunca había pensado que Dewey querría sentar la cabeza; de hecho, es un poco como yo, un solitario nato. Pero conoció a una chica agradable que trabaja en la biblioteca pública y se gustaron enseguida. Se llama Edna, y aunque el nombre es un poco feo, ella no se parece a su nombre. Es alta y elegante, con el pelo rubio y un rostro muy dulce. Dewey ha tenido mucha suerte.

No olvidaré lo que me dices de encontrar una esposa, pero me temo que soy como muchos australianos. Me limitaré a dar tumbos hasta que alguien se decida a casarse conmigo. Claro, que tendría que gustarme de verdad, como le ha pasado a Dewey con Edna; pero no me dedico a buscarla. Eso no cuadra con mi carácter.

La boda resultó ser todo un acontecimiento. Tuvo lugar el veintiséis de diciembre y hacía un calor sofocante. La familia de Edna tiene una casa grandísima con un césped precioso en el que pusieron dos grandes marquesinas, una para la comida y otra para la diversión. Hubo baile con una orquesta de ocho músicos y debieron de asistir quinientos invitados. Probablemente a vosotros no os parezca mucho, pero para mí fue toda una fiesta.

Ahora que se ha acabado el jaleo, se han ido de luna de miel nada menos que a Japón (¿a quién se le ocurriría algo así?). Yo he vuelto a casa para arreglar unos asuntillos y hacer planes. La granja tiene un buen capataz, que se llama Toby Masters. Es un hombre que anda por los cincuenta, que llevaba años con el tío Ches, y que está más que encantado de seguir aquí, especialmente porque sabe que yo sé que puedo confiar en él y que no voy a ponerle pegas. Así que sigo con la idea de regalarme un viaje de dos meses, tal como había planeado antes. En marzo voy a dedicarme a holgazanear en la playa, y confío poder pasar el mes de abril en Inglaterra.

Me dicen que debería esperar hasta junio o julio por el tiempo, pero el clima es algo que nunca me ha preocupado demasiado. Si uno dejara que el calendario lo esclavizase, no podría divertirse gran cosa en esta vida.

Espero que tú y toda tu familia os encontréis bien, especialmente los más mayores. Mi padre murió hace diez años y perdí a mi madre a los quince. Sin embargo, nunca he estado solo de verdad, porque no soy de esa clase de personas. Con todo, una familia tan impresionante, con tres generaciones viviendo en una sola casa grande, es algo admirable.

No puedo deciros cuánta ilusión me hace poder conoceros a todos. Os enviaré más detalles sobre mi fecha de llegada cuando haya hecho todos los preparativos. Mientras tanto, puede que encontréis tiempo para escribirme un par de líneas. Espero que hayáis disfrutado de las Navidades y estéis pasando un feliz año nuevo.

Con cariño,

Albert

Vinetta se agachó y recogió el sobre. Con cuidado, dobló las hojas y volvió a guardarlas. Tenía los labios tensos de preocupación. El reloj de la repisa de la chimenea señalaba las ocho y diez.

—Las ocho y diez —dijo con un suspiro—, y yo todavía sin vestir. ¡Vaya manera de empezar el día!

Más problemas

—¿Qué vamos a hacer?

Vinetta tiró del cordón para abrir las cortinas del cuarto del abuelo. Eran las diez y el sol del invierno entraba a raudales. En el exterior, el mundo era blanco y brillante. En el interior hacía un poco de frío, pero la estufa eléctrica del abuelo comenzaba a calentar el ambiente, gracias a que Vinetta había tenido el detalle de encenderla antes incluso de dejar pasar la luz a la habitación. La colcha, según se percató Vinetta, envolvía cuidadosamente el pie, que seguía sobresaliendo por un lateral de la cama.

Vinetta le entregó al abuelo la carta al tiempo que él soltaba el primer gruñido y se incorporaba sobre sus almohadas. El abuelo la leyó rápidamente, sin pronunciar palabra. Luego, siempre sin abrir la boca, volvió a guardarla en el sobre.

—¿La ha leído Joshua? —preguntó finalmente.

—No, claro que no. Aún sigue durmiendo. Los sábados nunca lo despierto antes de las diez y media.

—Va dirigida a él —dijo el abuelo de mal humor—. Él tenía derecho a leerla primero.

—Está dirigida a todos nosotros —le explicó Vinetta—. Estamos incluidos en el «y familia», ¿o no?

—Por el nombre, sólo se menciona a Joshua —insistió sir Magnus, no sin algunos celos.

—Eso se debe a que en la carta que escribimos nosotros fue su nombre el que pusimos de remite. Acuérdate de que nos pareció más seguro mantenerte a ti en segundo plano.

Sir Magnus le dirigió una mirada malhumorada, pero se limitó a decir:

—Supongo que sí.

—En fin —dijo Vinetta, retomando su pregunta original—, ¿qué vamos a hacer?

—No es que podamos hacer mucho —dijo el abuelo con tono de derrota—. Diles a los demás que suban y veremos qué podemos idear todos juntos.

En ese momento entró Tulip. Había estado abajo, en el comedor pequeño, desde las ocho y media, y ya había leído la carta de Albert.

—¿Qué os parece? —preguntó, señalando el sobre que sir Magnus seguía sosteniendo—. No serviría de mucho contarle otra sarta de mentiras. Esta vez nos tiene entre la espada y la pared, eso está claro.

—Llama a los demás —gruñó sir Magnus, dirigiendo una mirada de furia a su pequeña esposa.

Estaban entre la espada y la pared, eso era indudable; pero insistir en ello no servía de mucho.

Appleby fue la única que no apareció en la reunión.

Soobie acudió tras dejar su sillón de la sala de estar. Poopie y Wimpey llegaron del jardín trasero, aunque un poco a desgana, con las manos húmedas y con las botas mojadas.

—¡Fuera de aquí! —exclamó Tulip—. Id a vuestras habitaciones y poneos las zapatillas de inmediato. Estáis mojando la alfombra.

Cuando volvieron, Appleby seguía sin aparecer.

—¿Dónde está el cerebro de la familia? —preguntó el abuelo.

—¿Appleby? —dijo Vinetta.

—Sí, ¿quién si no? ¿Crees que puedo referirme a Googles o a la señorita Quigley?

—Appleby está durmiendo a pierna suelta, Magnus —dijo Vinetta—. He intentado despertarla, pero ya sabes cómo es. Esta mañana andaba por ahí muy temprano y ahora parece decidida a quedarse durmiendo una semana.

De haber sido cualquier otro, el abuelo hubiera insistido en que trajeran al culpable a rastras, aunque fuese dormido. Pero a Appleby no.

—Dejadla —dijo el anciano en tono compasivo—. Cuando nos hayamos quedado sin ideas, a ella se le ocurrirá alguna. Es más lista que el hambre.

—Yo tengo ideas —dijo Poopie, con aquellos ojos brillantes de botón azul refulgiendo bajo el flequillo rubio—. Tengo un montón de ideas.

—Bueno, pues cuéntanoslas —dijo el abuelo en tono seco.

—Podríamos correr las cortinas y cerrar las puertas y las ventanas y escondernos hasta que se marche.

—¡Genial! —dijo Magnus, que ni siquiera se preocupó de explicarle la inutilidad de hacer algo así.

—¿Y tú qué, Soobie? ¿Tienes alguna genialidad en mente? —el tono del abuelo contenía el grado justo de sarcasmo para herir al Mennym azul.

—Se supone que tú eres el que atesora todas las perlas de sabiduría —dijo Soobie—. ¿Acaso no tienes ninguna que le vaya bien a este tipo de situación?

—Basta ya, jovenzuelo, si no quieres que ordene que te saquen a la nieve —dijo el abuelo airado.

—Venga, ya está bien —dijo Vinetta en tono tranquilizador—. Intentemos no perder los nervios. Dile al abuelo que lo sientes, Soobie.

El rostro de Soobie se volvió más azul que nunca en su intento de controlar el enfado.

—Lo siento —dijo, con una voz que parecía no sentir nada.

—Tus disculpas se aceptan graciosamente —dijo el abuelo, que decidió hacer caso omiso del tono—. Ahora, a ver si tienes alguna idea.

Soobie pareció enfrascarse en sus pensamientos.

—Ninguno de nosotros ha dado con nada sensato todavía. Lo único que se me ocurre es que ya se nos ocurrirá algo, sin duda. La necesidad es la madre de la invención. Ésa es una de tus perlas de sabiduría, abuelo —dijo, con una cara absolutamente inexpresiva.

—Hmmm —murmuró el abuelo—. Tú por lo menos piensas. Los demás están mudos o paralizados.

—En fin —dijo Soobie—; para empezar, yo tendré que esconderme en el desván hasta que se haya ido. Los demás puede que os las arregléis para disfrazaros de algún modo, pero un Mennym azul es imposible que parezca humano, ni siquiera aunque le pongas gafas y barba.

En ese momento, Appleby hizo acto de presencia. La puerta de la habitación del abuelo se abrió de par en par hasta tocar la pared y la joven entró dando brincos.

—¿Qué me estoy perdiendo? —quiso saber en tono acusador. Y se quedó allí mirándolos, con las rodillas y los codos rígidos, en una pose de completo descaro—. ¿Qué estáis haciendo todos a mis espaldas?

Vinetta le dirigió una mirada asesina. Joshua, más tolerante, estaba a punto de explicárselo. Sin embargo, antes de empezar a hablar, sir Magnus se incorporó sobre sus almohadas y llamó a su lado a su nieta favorita con un ademán amistoso.

—Me han dicho que esta mañana te has levantado un poco temprano —le dijo, en un tono mucho más amable del que hubiese usado para cualquier otro rezagado—. ¿Has descansado?

—Sí, abuelo —replicó Appleby con ternura—. Y bien, ¿cuál es exactamente el problema?

El abuelo se lo explicó muy brevemente. Sabía que a Appleby no hacía falta explicarle las cosas dos veces. Pese a todos sus pequeños defectos, era una chica lista que valía por dos de los demás.

Appleby sonrió.

—Podemos hacer todo tipo de cosas. Soobie tiene razón en lo de esconderse en el desván. Podemos esconder también ahí a Googles… y a la señorita Quigley. Estoy segura de que la señorita Quigley podría cuidar de Googles y tenerla callada. Aun así, todavía quedamos el abuelo, la abuelita Tulip, papá, mamá, Poopie y Wimpey… y yo, claro.

—Yo podría hacer de astronauta, con el casco puesto y todo —dijo Poopie.

—¡Idiota! —lo cortó Appleby—. Eso sería peor que un muñeco de trapo. ¿Te imaginas lo que pensaría Albert si te pusieras un casco y nunca le enseñaras la cara?

Sir Magnus miró con ira a Poopie, pero no abrió la boca.

—Yo podría fingir ser una muñeca —dijo Wimpey—. No soy tan grande como vosotros, y me puedo quedar en la silla de mimbre de la habitación de Appleby; así que si Albert Pond decide echar un vistazo a la casa yo me quedaría muy, muy quieta cuando entrase en la habitación de Appleby.

—Ésa es una buena idea —dijo la aludida—, y Poopie tendrá que irse al desván con los demás. No estoy segura de que Albert Pond sepa que vosotros dos existís, pero por si acaso le diremos que los gemelos están internos en un colegio.

—Hasta ahí, va bien la cosa —dijo el abuelo, mordiéndose el bigote—. ¿Pero qué pasa con los que tengan que hablar con ese hombre? ¿Cómo haremos para que no nos descubra?

—Tú te quedarás en la cama, abuelo —dijo Appleby, como si alguna vez hiciera otra cosa—. Compraremos unas cortinas de hilo más gruesas y dejaremos las de terciopelo casi cerradas. Te puedes poner unas gafas con lentes de culo de vaso: así no se te verán los ojos. Las manos las puedes tener debajo de la colcha. Si lo saludas con un gesto de la cabeza, no esperará que le des la mano.

—¿Y qué pasa si viene de noche? La luz eléctrica lo muestra todo.

—Bombillas de poca potencia… pantallas oscuras. A lo mejor bastaría con tener encendida sólo la lamparilla de la mesita. Le podemos decir que te molesta la luz.

—¿Y qué pasa con los demás? —preguntó Vinetta—. No podemos quedarnos todos en cama con gafas gruesas.

—Estáis hablando con alguien que ha ido al cine cientos de veces, y hasta a la discoteca de vez en cuando. Puedo hacerme pasar por humana con muy poco esfuerzo. Me pondré las gafas oscuras con montura de mariposa, todas mis ropas modernas y la peluca grande y peluda. Incluso puedo ponerme los guantes de varios colores. Hoy en día los adolescentes se pueden vestir como quieran. El mundo es nuestro —dijo Appleby, adoptando un tono triunfante.

—¿Y qué pasa conmigo y con papá? —insistió Vinetta—. Nosotros no somos adolescentes.

—No —dijo Appleby con una risita—. Tengo que reconocer que no os imagino a ninguno de los dos vestidos con mis ropas.

—Así que estamos en un callejón sin salida.

—No, en realidad no —continuó diciendo Appleby—. Podemos poner cortinas gruesas y bombillas de poca potencia por toda la casa. En cuanto a ti, mamá, lo que tienes menos humano son los ojos. Creo que deberías ponerte unas gafas azules y, a lo mejor, ese vestido de cuello alto con puntillas para ocultar la línea del mentón. Por lo demás, tienes unas manos y un pelo preciosos.

Las manos de Vinetta eran realmente muy buenas, uno de los grandes éxitos de Kate, con todos sus dedos por separado y bien formados. Hacía ya mucho tiempo que Vinetta se había puesto uñas falsas, lo que facilitaba mucho las compras. Sin embargo, seguían teniendo tacto de tela y nada podía cambiar eso.

—¿Y qué pasa si me quiere dar la mano? Seguro que quiere hacerlo. Lo hacen todos los humanos.

—Ya he pensado en cómo solucionar eso. Sólo pensará en darte la mano al llegar y, a lo mejor, cuando se vaya. Tú le abres la puerta con un paño entre las manos y un poco de jabón en los dedos. Sentirá tanto haber llegado en un mal momento que se olvidará de estrechártela.

—Y ya sólo quedo yo —dijo Joshua.

—Depende de a qué hora llegue —dijo Appleby, un poco sin saber cómo solucionarlo.

Pero no iba a renunciar tan fácilmente. A Soobie podría ocurrírsele algo, y Appleby no deseaba que se le adelantase.

—Si viene de día, puedes estar fuera trabajando. Puedes fingir que trabajas hasta tarde, y trataremos de librarnos de él antes de que llegues.

—¿Y dónde estaré *de verdad*, teniendo en cuenta que estoy en paro? En el desván no, espero. Un día entero con la señorita Quigley es más de lo que se le puede pedir a cualquiera.

—No, papá, no en el desván. Quizá tengas que entrar, y aparecer de puntillas procedente del desván puede parecer raro. Creo que tendrás que quedarte quieto en la caseta del jardín.

—¿Y qué pasa si ese hombre quiere echarle un vistazo a la caseta?

—Diremos que hemos perdido la llave e insistiremos en buscarla, pero él dirá que no importa. Nosotros seguiremos insistiendo, y él se sentirá incómodo y dirá que no quería causarnos tantos problemas.

Sir Magnus parecía encantado.

—Fijaos en cómo se imagina las cosas. ¡Es la única con ideas! Es la persona con la que a todo el mundo le gustaría estar si tuviera que naufragar en una isla desierta.

Appleby trató de parecer humilde. Vinetta decidió para sí que, en algún momento, tendría que hablar con sir Magnus para que no dijera cosas que aumentaban aún más su engreimiento, que ya era bastante grande sin necesidad de ayuda.

—Pero si ese joven tiene que verme, ¿cómo nos las arreglaremos? —preguntó Joshua con preocupación.

Incluso aunque hubiera estado hecho de carne y hueso, recibir a aquel extraño también hubiese sido toda una prueba. Joshua era un hombre muy tímido.

—Mamá tendrá que ponerte una barba negra y rizada como la blanca que te preparó para hacer de Santa Claus. Y aunque parezca que casi no ves, tendrás que ponerte unas gafas gruesas. Yo te compraré unas grandes, con montura de pasta, en el oculista de la High Street. Tiene una tienda pequeña y mal iluminada. Creo que lo hace a propósito para que sus clientes crean que están mal de la vista.

—Sin embargo, eso también es un problema —se quejó Joshua en tono quisquilloso—. Seguro que quiere examinarme la vista antes de venderte las gafas, sobre todo si son gruesas.

—No, de eso nada —dijo Appleby, sacándose otro as de la manga—. Ya las he comprado otras veces. Cree que estoy en un grupo aficionado de teatro y me vende pares sueltos por poco dinero.

—¿Y cómo es que tiene pares sueltos? —insistió Joshua, mirándola con recelo.

—No se lo he preguntado. Supongo que son muestras, o a lo mejor son de gente que las encargó, pero que luego no fue a recogerlas.

—Qué tonto —dijo la abuelita Tulip, dirigiéndoles a todos una mirada incisiva por encima de sus pequeñas gafas con montura dorada—. Debería cobrarles un depósito. Así la gente se lo pensaría dos veces antes de dejar las gafas en la tienda. Díselo de mi parte. Y de todas formas, ¿qué pasa conmigo, cariño? Me has dejado fuera... y, desde luego, menuda boba parecería con unas gafas más grandes que la cara.

Appleby miró a su pequeña abuela de ojos penetrantes. Detrás de aquellas lentes tan claras, las cuentas de cristal que hacían de ojos se veían brillantes, casi, casi mágicas.

—No hay problema —dijo Appleby—. Tú estarás todo el tiempo ocupada. Te pondrás en el rincón del comedor pequeño, sentada delante de tu mesa, con las facturas en una mano y una pluma en la otra. No tendrás ni que levantarte ni darle la mano. Si se queda mucho tiempo, puedes entrar silenciosamente en la sala de estar y unirte a la conversación.

—¿Y qué pasa con mis ojos? —dijo, mientras los cristales brillaban sobre las pequeñas gafas de lectura y en su boca aparecía la sombra de una leve sonrisa claramente traviesa.

De repente, Appleby se dio cuenta de algo que nunca había notado antes, y se quedó estupefacta.

—Tú te puedes valer por ti misma, abuela. Si te mira a los ojos, no sabrá qué les ha pasado, pero se quedará hipnotizado. Después de eso, ya no importará lo que pueda ver.

—¡Chica lista! —exclamó sir Magnus—. Ya ves, Tulip, ¡no le ha costado mucho descubrirte!

—Sólo cuarenta años —dijo Tulip en tono cortante—. Hoy, sin embargo, hemos avanzado mucho. Ahora tengo trabajo que hacer; así que si no os importa, y aunque os importe, me marcho a hacerlo.

Antes de que cada uno volviera a sus tareas, Joshua, ácido y dogmático como de costumbre, se las arregló para que todos aceptaran una cosa. No harían caso de la petición de Albert respecto a escribirle «un par de líneas». Aquel hombre, evidentemente, no necesitaba que nadie lo animara.

La alegría de Joshua

A principios de marzo llegó otra carta importante y maravillosa para Joshua. En Sydenham's deseaban que volviese a trabajar.

—Quieren que vuelva si estoy libre —dijo con una gran alegría.

—¿Y vas a aceptar después del poco respeto con el que te trataron? —preguntó Vinetta en tono ácido—. Al fin y al cabo, te despidieron. Ahora tienen que tragarse sus palabras. Si les dijeras que no, se lo tendrían bien merecido.

Joshua adoptó una expresión de incomodidad. Se lo tendrían bien merecido. Habían sufrido tres robos desde que él se había ido, y Dios sabe cuántos intentos sin éxito. El sistema de seguridad electrónica era caro y bien conocido; tan bien conocido que la hermandad de los amigos de lo ajeno había aprendido a saltárselo. Un almacén vacío es un almacén vacío y ninguna máquina puede sustituir al hombre.

—¡Pero un muñeco de trapo sí que puede! —exclamó Joshua, con una risita mientras leía la carta.

Ahora que Vinetta lo incitaba a mostrarse vengativo, no estaba seguro de qué hacer.

—Se lo mencioné a papá —comentó a la defensiva.

—¿Y qué te ha dicho? —preguntó Vinetta.

—Algo muy parecido a lo que me has dicho tú al principio, pero luego recordó una perla de sabiduría y me aconsejó que mala es la venganza en la que sufre más el vengador.

—¿Y dicho en otras palabras? —preguntó Vinetta.

—Creo que quería decir que no debería empezar a darme aires con el trabajo si es que iba a ser más feliz aceptándolo. Y sería más feliz. Ese trabajo me encantaba, Vinetta. No ha pasado un día en que no lo haya echado de menos. Mi taza aún debe de estar allí, mi taza con el letrero de Port Vale.

Vinetta todavía parecía dubitativa.

—Mamá querría que volviese a trabajar. Ganaría un poco de dinero otra vez, y la verdad es que no soporto esto de quedarme en las escaleras dándole vueltas a la cabeza.

Vinetta le rodeó afectuosamente los hombros con el brazo. Los dos estaban sentados muy juntos en la cocina. Eran las tres de una tarde luminosa pero fresca. En el jardín, veían a Poopie podando las rosas, mientras Wimpey saltaba con todas sus fuerzas sobre las losas desiguales. Desde el comedor pequeño les llegaba el tenue sonido de la música de la radio de Tulip. El resto de la familia estaba fuera de la vista y no se los oía, todos y cada uno se hallaban donde querían estar y haciendo lo que querían hacer.

—Nadie te obliga a quedarte sentado en las escaleras —dijo Vinetta—. Podrías quedarte sentado en cualquier otra parte de la casa. No tienes por qué hacerle caso a tu madre, ya lo sabes. Muchas veces no habla en serio.

—No es sólo eso —dijo Joshua—. Me gusta la rutina, trabajar de noche y descansar de día sin necesidad de sentirme culpable.

—En fin —dijo Vinetta—, supongo que tienes razón. Es cosa tuya. Si eso es lo que quieres hacer, entonces hazlo.

—Lo haré. Pienso hacerlo. Empezaré el lunes por la noche. Le pediremos a Appleby que escriba una nota diciendo que acudiré.

Joshua le dio la vuelta a la carta y volvió a leerla con cuidado.

—No está mal —murmuró—. Mejor que otras. Mejor que las bombas australianas.

No habían contestado a la carta de Albert Pond, y en las semanas que habían transcurrido desde la última no habían recibido noticias de su llegada. De hecho, empezaban a albergar esperanzas de que al final no viniera.

Eso sí, no se habían quedado dormidos. Habían comprado las cortinas de hilo grueso y las habían colgado en las ventanas. Habían cambiado las bombillas. Joshua tenía ya sus gafas con montura de pasta y Vinetta las de cristales azulados. Aún seguían esperando unas de cristales gruesos para ocultar los ojos negros como el carbón, de sir Magnus, pero el oculista le había dicho a Appleby que, en dos o tres días, tendría unas listas.

Llamaron a Appleby para que escribiera una respuesta a la carta, e incluso se ofreció a llevarla a la oficina personalmente.

—Es mejor que el correo —dijo con una voz inusualmente alegre—. Uno no siempre se puede fiar de que el correo llegue a tiempo.

Appleby tenía un gran sentido de la oportunidad.

—Toma —dijo feliz su padre, metiéndose la mano en el bolsillo—. Mira a ver si te puedes gastar esto.

Appleby tomó las tres monedas de una libra con una sonrisa descarada. No llegó hasta el extremo de dar las gracias, pero verla alegre y amable era todo un cambio.

—Creo que está mejorando —dijo Joshua, cuando su hija abandonaba la habitación.

—¡Que no te oiga! —exclamó Vinetta—. Llevamos cuarenta años esperando que mejore. A veces me da pena, porque no puede evitar ser como es. Ninguno de nosotros puede evitarlo.

Joshua se dirigió de nuevo a las escaleras en cuanto Vinetta comenzó a meter la ropa en la lavadora. Se quedó allí sentado hora y media, pero ya no sumido en negras reflexiones, sino meditando tranquilamente. En el puño sostenía la vieja pipa que, obviamente, nunca encendía, pero que encajaba tan bien en la palma de su mano que suponía toda una ayuda para la reflexión.

—¡Sí! —exclamó finalmente con verdadero júbilo—. ¡Por supuesto! Si estoy trabajando no podrán coserme una barba. No hay nadie en este mundo que se pueda dejar la barba de un día para otro. Charlie podría darse cuenta, y no podemos correr ese riesgo.

Era la excusa perfecta. Si había algo que Joshua odiaba en este mundo era que le cosieran una barba. Se tardaba siglos, pelo a pelo, y, desde luego, era muy incómoda. Kate nunca había pretendido llenarlo de pelos. Y lo mejor era dejar las cosas tal como estaban pensadas desde un principio.

Los preparativos

El tiempo cambió a mediados de marzo, dando paso a una preciosa primavera de días más luminosos y largos. Era fácil pensar que Albert Pond no llegaría en abril, que cabía convencer al tiempo para que se paralizara en el número 5 de Brocklehurst Grove. Sacaron a Googles en su cuna al jardín trasero, por primera vez en todo el año. Los ojos del bebé brillaron y el sol refulgió sobre el rizo rubio y perfecto que salía de su gorrito.

Poopie y Wimpey se tiraban por turnos por el tobogán de madera. Vinetta estaba podando las rosas. Joshua, ya empleado y con trabajo esa misma noche, estaba descansando en el sofá pequeño que había junto a la cristalera del comedor. Hasta Tulip, en su mesa del comedor pequeño, había abierto la ventana para dejar entrar el aire.

—Casi parece imposible que estemos sólo en marzo —le dijo a Appleby más tarde, cuando entró vestida con su nueva gabardina de color amarillo, lista para ir de compras.

—Y muy pronto llegará abril —dijo Appleby en tono inocente.

—Más pronto de lo que quisiéramos —comentó su abuela con un suspiro—. Ojalá hubiera pasado ya. No sé por qué a la gente le entra ganas de andar dando tumbos por el mundo. ¿Por qué no se quedará en su país?

—No sirve de nada andar lamentándose, abuela —dijo Appleby, al tiempo que se sentaba en el borde de la mesa del desayuno—. Si tiene que venir, vendrá. No podemos hacer nada para evitarlo. Mientras tanto, ya hemos preparado un montón de cosas. Hoy mismo voy a recoger las gafas del abuelo.

—Llévate esto al correo, ya que sales —dijo Tulip, entregándole tres cartas con sus sellos y todo—. Y mira a ver si puedes conseguirme una pantalla más oscura para la lamparita de la mesa.

—Para que Albert no te vea —dijo Appleby, con una voz que rozaba la burla todo lo que se atrevía con su abuela.

Había puesto un poquitito de énfasis de más en el nombre de Albert, además de que lo de omitir el apellido sonaba un tanto más familiar de la cuenta. Los ojos de cristal miraron a Appleby de forma penetrante, pero Tulip frunció el ceño y no abrió la boca. Appleby se bajó de la mesa y miró el monedero.

—El abuelo me ha dado diez libras para sus compras, pero puede que no me llegue. Depende de cuánto quiera el señor Sutton por las gafas y de lo que valga la pantalla de la lámpara. Además de alguna que otra cosilla más.

Tulip miró a Appleby con recelo, pero sacó su hucha y le entregó cuatro monedas de una libra.

—Puedes hacer cuentas con tu abuelo cuando vuelvas, pero ahí tienes el dinero para la pantalla. Y quiero las vueltas si las hay.

—Vieja avariciosa —murmuró Appleby, con una mueca, al salir de la habitación.

—¿He oído algo, señorita? —preguntó Tulip.

—No, abuela, sólo «adiós». Hasta luego. Y ya está.

—Más te vale que así sea.

En la calle, Appleby comenzó a caminar imitando a una modelo con sofisticados andares felinos. Llevaba la melena pelirroja peinada en cascada sobre la coronilla, pero más abajo la tenía pegada a las mejillas y a la frente como si de pétalos puntiagudos se tratara. Se había puesto sus gafas de sol verdes preferidas. Bajo la gabardina amarilla, llevaba una camiseta blanca y unos pantalones oscuros a cuadros. Se había cubierto las manos de tela con unos guantes de los que salían sus bien formados dedos, hasta acabar en unas falsas uñas rosas. Colgado del hombro, llevaba un gran bolso de cuero.

—¿Están ya listas las gafas, señor Sutton? —le preguntó al viejo oculista, que estaba sentado en un alto taburete tras el alargado mostrador de cristal de su lóbrega tiendecita.

—Sí, Appleby, pequeña. Me las he arreglado para conseguirte un bonito par de las gafas que devuelven a los mayoristas. Con cristal de roca y todo. Justo lo que buscabas. Aunque lo lamento por el actor que tenga que ponérselas, porque no va a ver mucho.

El señor Sutton se inclinó para abrir el cajón que había bajo el mostrador, y sacó una funda de ante marrón de la que extrajo unas gafas gruesas de montura negra, cuyo propietario había muerto antes de poder recogerlas. El señor Sutton no le mencionó este hecho a Appleby. Para él era un placer poder echarle una mano a una chica tan agradable.

—Perfectas —dijo Appleby—. Justo lo que nos hacía falta para la obra. ¿Cuánto le debo?

—Dos libras cincuenta, y no se hable más —dijo el señor Sutton.

—¿Está usted seguro? —preguntó Appleby, que sabía perfectamente que el anciano no se arrepentiría de haberle puesto un precio tan bajo.

La cantidad era puramente arbitraria, porque el difunto ya había pagado las gafas por adelantado.

Al salir del oculista, Appleby, que ahora caminaba con gran parsimonia, se dirigió al mercadillo callejero, donde había muchísima gente. Eso podría haber supuesto un peligro, pero Appleby había aprendido hacía mucho que, en el mercado, la gente está demasiado ocupada, mirando y remirando las cosas, para prestar atención a los que pasan a su lado. La única dificultad posible radicaba en el trato con los vendedores. Pero la cosa tenía truco. Si una se dedicaba a estar «sólo mirando», no era como uno de esos clientes que van hasta el tenderete y tocan los artículos. Eso sería algo como tentar al diablo. Una debía «sólo mirar» desde al menos un metro de distancia. Luego, si hubiera algo interesante, había que echarse encima, sostenerlo delante de la cara para «crear un eclipse» y preguntar el precio. Si era demasiado caro, había que sorprender al dependiente ofreciéndoselo y obligándolo a tomarlo mientras una salía de allí y se dirigía rápidamente a cualquier otro puesto. Si el precio era satisfactorio, una decía rápidamente: «Me lo llevo.» Entonces, el vendedor ya sólo estaría interesado en el dinero que ibas a sacar del monedero. Estaría concentrado en la mercancía, en ponerla en una bolsa, y su coronilla se dirigiría directamente a tu propia coronilla. Desde luego, eran necesarios años de práctica para dominar el sistema, pero Appleby se había entrenado durante años.

—Ésta —dijo bruscamente, sosteniendo la lámpara amarilla oscura entre el moreno vendedor y ella misma—. ¿Cuánto es?

—Sólo tres libras cuarenta. Un precio muy razonable.

—Me la llevo —dijo Appleby.

Se intercambiaron bienes y dinero, pero ninguno de los dos hubiese podido ofrecer una descripción satisfactoria del otro.

La próxima parada era la oficina de Correos. No la oficina pequeña en la que todo el mundo se conocía, si no la oficina central, con sus barandillas de madera para que las colas se hicieran en orden. En un expositor del rincón, en el que había sellos extranjeros para la venta a coleccionistas, Appleby eligió tranquilamente dos grandes paquetes de sellos variados de países del antiguo imperio británico. Recordó lo poco que le habían costado las gafas y sólo dudó un instante antes de compar dos sobres más, europeos en esta ocasión. Su interés por la colección de sellos venía ya de mucho tiempo atrás. Pesó y selló el manuscrito del abuelo y luego echó las cartas de la abuela.

Mientras tanto, Soobie había pasado el día en el desván. La luz del sol se filtraba por el polvoriento tragaluz, iluminando una miscelánea de cacharros sin clasificar e inclasificables. ¿Quién se habría mecido en aquella antigua mecedora? ¿Quién habría jugado con aquella casita blanca de muñecas? ¿Dónde estarían ahora los hijos de sus hijos? Una pantalla de chimenea, una guitarra con las cuerdas rotas, una caja de cartón llena de sombreros viejos, un espejo ovalado con un marco de madera, una mesa robusta y redonda con un solo pilar y patas en forma de garras, un escabel con un cojín desgarrado y, en medio de todos aquellos artilugios, otros medio envueltos en papel arrugado.

Soobie se sentía obligado a hacer de aquél un lugar ligeramente más habitable durante las horas que probablemente él, Googles y la señorita Quigley probablemente tendrían que pasar allí. La primavera estaba en el aire y Soobie, para ser sinceros, sentía cierta necesidad de hacer una limpieza general acorde con la estación de la renovación. La vista se le fue hacia una pila de libros viejos con los lomos estampados, pero se reprimió y se concentró en la tarea que tenía ante sí.

Para empezar, agarró un trapo viejo y limpió la claraboya, quitándole el polvo y las telarañas. El sol entró con mayor fuerza. Entonces Soobie vio por vez primera que había una cortina floreada que colgaba y dividía el desván en dos. Siempre con la mente puesta en su plan de limpieza, Soobie se abstuvo de investigar y echó mano de una gran caja vacía, un hallazgo afortunado, y comenzó a acumular en ella todos los cachivaches que pudo, hasta que logró dejar un espacio de tablones desnudos entre la mesa redonda y la mecedora. Si se desempolvaba bien la mecedora y se le ponían uno o dos cojines de los de abajo, podría constituir un asiento cómodo para la señorita Quigley. Él se las arreglaría con el escabel, mientras que a Googles la subirían en su cochecito. Si se ponía a llorar, la señorita

Quigley podría cuidarla y mecerla para que volviera a dormirse. Lograr que Poopie no hiciera ruido allí arriba sería una tarea complicada, ¡muy complicada! Tendría que ocultarse en la caseta del jardín.

A continuación, Soobie ordenó los cacharros que no se podían empaquetar, consiguiendo así lo que él hubiera llamado un «desorden ordenado». En menos de dos horas, el lugar empezó a parecer mucho más habitable. Entonces y sólo entonces se permitió Soobie poner el montón de libros colocado sobre la mesa redonda. Allí se quedarían hasta que llegara el visitante, y Soobie se dedicara a hojearlos a la luz de las velas. Incluso resistió la tentación de leer los títulos. Más tarde, ya habría tiempo más tarde. Soobie se dictaba sus propias reglas y las seguía al pie de la letra.

«Ahora», pensó, cuando ya estaba todo hecho, «iré a ver el lío que puede haber detrás de esa cortina.» Soobie la desenganchó de la viga por el extremo más apartado de la pared y la dejó caer al suelo. En la otra mitad del desván había otra claraboya, aún sucia; pero el sol que filtraba no mostró desorden alguno, ni cacharros… Tan sólo se podían ver dos enormes baúles de mimbre. Soobie pensó que aquello no se correspondía con el orden normal de las cosas. La habitación ordenada no suele estar escondida detrás de otra habitación llena de basura. Siempre es al revés. La basura podría haber estado perfectamente escondida detrás de una cortina, mientras que la otra mitad del desván debería estar lista para su uso. A menos... a menos que aquellos baúles contuvieran algún secreto. Como era muy leído, comenzó a desconfiar de las cosas que se pueden esconder en los baúles de los desvanes y se acercó con recelo, preparado para sobresaltarse u horrorizarse.

El primer baúl que abrió fue toda una decepción. Había rollos de telas hermosas ordenados verticalmente, de modo que se pudiera sacar cualquiera con facilidad. Soobie hizo exactamente eso y se encontró con una tela que le sonaba de algo, que le recordaba a Tulip. Vinetta estaría encantada con aquel hallazgo caído del cielo. Sin duda, allí había tela suficiente para vestirlos a todos dos veces. Soobie volvió a colocar cuidadosamente el rollo que había sacado.

El segundo baúl era idéntico al primero. Pero cuando Soobie levantó la tapa se sorprendió al ver, antes que nada, dos piernas rosas calzadas con zapatos de charol. Con un poquito de recelo, las levantó cuidadosamente y las colocó en el suelo. Luego salieron dos brazos entrelazados. Las manos eran incluso mejores que las de su madre: las falanges mostraban líneas de aspecto natural que las cruzaban, y las uñas iban incorporadas y no parecían en absoluto falsas. Soobie las dejó en el suelo con sumo cuidado.

Después apareció un tronco sin cabeza. Estaba vestido con un jersey de colores y llevaba una falda plisada corta y gris, fijada torpemente alrededor de la cintura. Soobie levantó el cuerpo con mucho cuidado. Había estado tendido boca abajo. Cuando le dio la vuelta, descubrió que llevaba colgada sobre el pecho, con un imperdible, una etiqueta en la que se leía el nombre «Nuova Pilbeam», escrito con limpia caligrafía.

Pobre e inacabada Nuova Pilbeam. Soobie pensó que era un nombre raro. Nadie de la familia sabía de dónde procedían sus nombres ni por qué el apellido familiar era Mennym. Sin embargo, todos ellos tenían un único nombre de pila. De haber sido una Mennym, Nuova Pilbeam hubiera sido la única con dos nombres de pila. Entonces recordó que, en italiano, *nuova* quería decir «nueva». Así que aquélla era, o hubiera sido, un nuevo miembro de la familia, y de haber estado acabada, se habría llamado Pilbeam. ¡Ése sí que era un nombre hermoso! ¡Qué pena!

«Algún día», pensó Soobie, «le hablaré a mamá sobre Pilbeam, pero no ahora.» Albert Pond ya daba bastantes problemas. Hasta que no hubiera venido y se hubiese marchado, había que olvidarse de las demás cuestiones. Enfrascado en sus reflexiones, preso de la piedad que tanto formaba parte de él, Soobie dejó el cuerpo, los brazos y las piernas de Pilbeam sobre el suelo, junto al baúl. Sólo faltaba la cabeza. Con un estremecimiento, pero sintiéndose incapaz de retirarse, Soobie se apoyó en el lateral del baúl y, al bajar la vista, descubrió un fardo envuelto en papel de seda azul. Con los brazos bien abiertos, Soobie lo sacó con la reverencia que merece algo valiosísimo. Tras dejarlo en el suelo, procedió a desenvolverlo. Pronto se halló contemplando un pálido rostro con trenzas gruesas y negras a ambos lados, y dotado de unas antinaturales mejillas rojas. Tenía unos labios rosas que nunca se habían movido, y que estaban cosidos con lujoso hilo de satén y con un punto de festón tan limpio y compacto que, con la luz del desván, parecían absolutamente reales. Unas cejas arqueadas y negras se elevaban sobre las pestañas negras, que se proyectaban a su vez hacia arriba. Por su parte, las mejillas pintadas de Pilbeam estaban realzadas por pestañas inferiores. Sin embargo, donde deberían haber estado los ojos sólo había un espacio vacío y ciego.

Soobie manoseó el papel de seda hasta que se clavó algo en el dedo. Al bajar la vista, vio que sostenía una cuenta negra y brillante, fijada en un vástago de metal. Era verdaderamente hermosa, con su forma de rombo, moteada de plata y con un centro de negro intenso para representar la pupila. En el papel había otra cuenta idéntica hasta el último detalle. Soobie las tomó, una entre cada pulgar e índice. Contempló el rostro de Pilbeam y, repentinamente, supo lo que debía hacer: una primera promesa, un paso adelante. Soobie dirigió los vástagos hacia los espacios de los ojos y, con mucho cuidado, los introdujo en el centro. El rostro, ahora completo, parecía mucho más real.

Con melancólico respeto, Soobie devolvió el tronco al baúl, junto con los brazos y las piernas colocados ordenadamente a su lado. Luego desarrugó el papel de seda azul y colocó allí la cabeza de Pilbeam. Los ojos parecían mirarlo, confusos y asustados.

—No —exclamó Soobie, con un nudo en la garganta—. No te preocupes. Ahora duerme. Algún día volveré a por ti… cuando Albert Pond se haya ido.

Luego cerró la tapa y trató de convencerse de que no había oído realmente un suspiro muy triste y profundo.

«Tal vez», pensó Soobie, «mamá sea capaz de terminarla. Pero aún no.» Soobie se dictaba sus propias reglas y las cumplía. No se podía permitir que nada se interpusiera entre los Mennym y la visita de Albert Pond.

El secuestro

El veinticinco de marzo, la familia, con las excepciones habituales, estaba sentada ante el televisor de la sala de estar viendo las noticias de la tarde. Marzo pronto daría paso a abril, y el suspense que se respiraba era cada vez mayor.

—«Los científicos de California afirman haber encontrado pruebas de... » —decía el locutor.

Pero nadie lo escuchaba en realidad. Casi nunca lo hacían.

—A estas alturas ya deberíamos habernos enterado de algo —estaba diciendo Vinetta—, aunque únicamente se tratara de una postal desde cualquier puerto.

—A lo mejor, al final ni viene —dijo Soobie, con una voz que no sonaba convincente, para a continuación volver a enfrascarse en el libro que estaba leyendo, aislada del exterior.

—Pues claro que vendrá —dijo Joshua con un punto de irritación—. Uno de estos días se plantará en la puerta y cundirá el pánico.

—«Estamos recibiendo noticias del secuestro de un avión de pasajeros DC-10 que salió de Australia vía El Cairo...»

—¿Qué? ¿Qué ha dicho? —preguntó Appleby, tratando de llamar la atención hacia la última noticia.

—¡Wimpey! —dijo Vinetta en tono cortante—, deja de pintarte los muslos. ¿Es que quieres cargarme aún con más trabajo?

Wimpey estaba sentada justo enfrente de la televisión, con las piernas, blancas y de punto elástico, extendidas ante ella. Se había dibujado una cara sonriente en una de las rodillas y estaba dibujándose una triste en la otra, cuando Vinetta se dio cuenta de lo que estaba haciendo.

—«En China continental...» —continuó el zumbido de la televisión, pasando a la siguiente noticia.

—Apagad eso —dijo la abuela Tulip, levantando la vista de sus labores—. Siempre cuentan lo mismo, día sí día también, y ninguna de las noticias tiene nada que ver con nosotros. No sé por qué vemos la televisión.

Poopie, que había estado jugando con su soldado articulado en el otro extremo de la habitación, se dirigió hacia el televisor, derribando la cesta de las lanas de la abuela y dándole, de paso, un astuto golpe a Wimpey.

—«Cuando recibamos nuevas noticias del secuestro del DC-10...» —el locutor se quedó cortado en plena noticia, cuando Poopie apagó el aparato.

—Ya está —dijo, dirigiéndoles a todos una mirada desafiante—. Ahora tendremos un poco de tranquilidad.

—¡Escuchadle! —dijo Tulip encantada—. Habla exactamente igual que su abuelo. ¡Ay, los niños de hoy en día!

Soobie, sentado en su sillón junto a la ventana, levantó brevemente la vista y meneó lentamente la cabeza. Sin embargo, logró reprimir el comentario que le venía a los labios: «Lleva cuarenta años practicando». Pero la expresión de su rostro lo decía sin palabras, aunque Joshua fue el único que se dio cuenta.

—¿Y qué pasaría si...? —comenzó a decir Appleby, en un tono reflexivo nada normal en ella.

Al ver que no acababa la frase, Tulip se enfadó con la muchacha:

—¿Y qué si qué?

—No, nada —dijo Appleby—. Una tontería... Nada importante.

—Como tú quieras —dijo Tulip, volviendo de nuevo a sus labores.

Era la hora de la reunión familiar. Cuarenta años de tradición obligaban a todos a estar en la misma habitación al menos hasta las siete, que era cuando acostaban a los gemelos y todos los demás tenían permiso para hacer lo que desearan. Joshua saldría hacia el trabajo; Tulip subiría a su habitación, y Vinetta disfrutaría de su representación particular en la cocina.

Unos cuantos días más tarde, el primero de abril por la mañana para ser exactos, al regresar del trabajo, Joshua recogió una carta del felpudo que había ante la puerta principal. Era de correo aéreo, apenas pesaba y llevaba un sello extranjero.

Joshua examinó con avidez el sello, pero siguió sin averiguar nada.

—¿Dónde se habrá metido ese hombre? —murmuró para sí.

—¡Vinetta! —alzó la voz, en dirección a la cocina—. Ha llegado una carta de correo aéreo. ¿Cómo es que no la has visto?

Vinetta entró en el salón, donde el reloj de pared estaba a punto de tener un ataque para decirle al mundo que eran las ocho.

—No he oído al cartero —dijo—. Venga. Dámela.

Vinetta tomó la carta y examinó el sobre a conciencia. El sello era egipcio. La fecha estaba borrosa. El sobre apenas abultaba nada. Podría perfectamente haber estado vacío. Con cuidado, lo agitó y desgarró un extremo. Luego, lo abrió y extrajo una fina hoja de papel rosa.

—¡Vaya! —exclamó mientras la leía—. ¡Qué espanto! ¡Pobrecito! Debió de quedarse aterrorizado.

Al oír la exclamación de Vinetta, Tulip vino rápidamente del comedor pequeño, y hasta Soobie reunió suficiente curiosidad para emerger de la sala de estar.

Tulip arrancó la carta de las manos de Vinetta.

—«Querida familia» —les leyó en voz alta—. «Esto está escrito a toda prisa. Los secuestradores acaban de liberarnos del avión en El Cairo. Supongo que os habréis enterado de todo en las noticias. Os escribiré con más tranquilidad después. Espero poder llegar a conoceros a pesar de todo. ¡Perdonad por el retraso! Besos, Albert.»

—Pobrecito —dijo Tulip—. Lo mal que lo debe de haber pasado.

—Sin embargo —dijo Soobie, demostrando menos solidaridad y más sentido práctico—, por lo menos no aparecerá por aquí hasta dentro de unos cuantos días.

—Si es que aparece —dijo Joshua, con voz esperanzada—. A lo mejor ahora se vuelve por donde ha venido. En su lugar, yo lo haría así.

—Guarda el sello para Appleby —dijo Tulip—. Podrá ponerlo en el *Álbum del mundo entero* que le compré por su último cumpleaños.

Appleby, por supuesto, estaba aún en la cama.

Las aventuras de Albert

Nada se supo de Albert Pond hasta mediados de mayo. Al principio, todos miraban con asiduidad hacia la alfombrilla de entrada, pensando que de un momento a otro aparecería una carta de correo aéreo. Poopie adoptó la costumbre de levantarse temprano sólo para ver la llegada del cartero. Quería ser el primero en leer la carta. Quería gritar a pleno pulmón mientras subía las escaleras para llevársela al abuelo. ¡Appleby se quedaría de piedra! Pero tras una quincena de espera en vano, se pasó la novedad y todos volvieron a su rutina habitual.

Cuando la carta llegó por fin, la que la descubrió fue curiosamente la señorita Quigley. Había ido de visita matinal a casa de los Mennym. Habían tomado café con unas pastitas deliciosas y hablado de cosas triviales: de lo que había mejorado el tiempo, de lo guapa que estaba ahora Appleby con el pelo peinado hacia abajo, de qué tal le iba a Joshua en Sydenham's... hasta que decidió irse.

Así que, con no poco alivio bien disimulado, Vinetta llevó a su invitada a la puerta principal, dejando que la señorita Quigley fuera delante.

—Ha venido el cartero —dijo la señorita Quigley, agachándose con una agilidad sorprendente para recoger la carta de la alfombrilla y entregársela a Vinetta—. Correo aéreo, parece —añadió.

Vinetta examinó el sobre. El sello era indio, sí señor, indio. ¿Qué se le habría ocurrido ahora a Albert Pond? Incluso pese a sus escasos conocimientos de geografía, Vinetta sabía que la India estaba más lejos que Egipto. Casi no se atrevía a permitirse pensar lo que eso podría significar. Parecía demasiado bueno para ser cierto.

—¿Y cuándo te volveremos a ver, querida Hortensia? —preguntó Vinetta, que tenía la puerta principal abierta de par en par, pero tuteaba a la señorita Quigley y la llamaba por su nombre de pila en un esfuerzo por demostrar el cariño que le tenía—. No tardes tanto en volver.

Desde que había empezado todo el asunto de la visita de Albert Pond, la señorita Quigley no había aparecido de visita, sino que se había quedado semanas enteras en su armario del vestíbulo dándole vueltas a la cabeza, sólo para aparecer muy brevemente, fingiendo que su casita de la calle Trevethick la tenía tan ocupada que no le quedaba tiempo para visitas.

La señorita Quigley no respondió directamente a la pregunta de Vinetta. Se limitó a quedarse allí, con una media sonrisa dibujada en el rostro, dirigiendo la mirada hacia la carta con recelo y aprensión, tras lo cual se alejó rápidamente de la casa con un escueto «adiós». Unos cuantos minutos más tarde se la oyó escabullirse sigilosamente por la puerta trasera. Estaba tan enfadada que incluso cerró el armario de un portazo, provocando más ruido que de costumbre.

Vinetta se llevó la carta directamente al comedor pequeño. Joshua estaba acostado arriba y no quería molestarlo. Seguro que sir Magnus, al que había dejado en su dormitorio con la mesita portátil sobre el regazo y las almohadas apiladas a su espalda, se empeñaría en convocar una reunión, algo que Vinetta no podía afrontar en esos momentos. Sin embargo, quería compartir la carta con alguien, y Tulip era, al fin y al cabo, la persona que estaba más a mano.

—Regresa a casa por mar, seguro —dijo la anciana, examinando el sello—. No creo que tenga mucha prisa por volver a tomar un avión después de lo que ha pasado. Yo por lo menos no la tendría.

—Bueno, pues vamos a enterarnos —dijo Vinetta con impaciencia.

La misiva parecía bastante extensa y era muy rígida. Tulip echó mano de su abrecartas con puño de perlas y abrió el sobre, del que cayeron varias hojas y una foto.

Vinetta tomó la foto. Era una imagen a todo color de una chica que parecía una modelo. Tenía el pelo largo y rubio, y lucía una gran sonrisa llena de dientes perfectos. Llevaba una capa ancha sobre un traje oscuro del que se veían unos pantalones ajustados negros junto con zapatos adornados con hebillas cuadradas y de color dorado.

Vinetta le dio la vuelta a la foto. Detrás, alguien había garabateado las palabras: «Ésta es Hildegarde en un pase de modelos de París.»

—Hildegarde —masculló Vinetta—. Debe de ser su novia; ¡y ya iba siendo hora!

Tulip se ajustó las gafas y comenzó a leer la carta:

Querida familia:

Tengo tantas cosas que contaros que no sé muy bien por dónde empezar. Puede que por el final sea lo mejor. Mi madre no soportaba tener que esperar a oír el desenlace de una historia. Me acuerdo perfectamente de ella, cuando volvía a casa del colegio con algo que contarle, y ella me decía: «Venga, desembucha. ¿Qué ha pasado? Olvídate de los detalles».

Así que, por acabar de una vez, permitidme que os diga primero y antes de nada que me he casado. No es que haya encontrado novia, no es que esté comprometido... es que me he casado de verdad de la buena. ¡Ya está! Seguro que esto os ha dejado sin respiración después de todo lo que os había dicho de no tener ninguna intención de hacerlo. En fin, pero entonces era verdad, e incluso ahora casi ni sé lo que me ha pasado. Pero lo que sí sé es que cuando veo a Hildegarde me parece que soy el hombre más feliz de la Tierra. ¡Y todo por un secuestro!

Me saltaré la parte del miedo. Aunque no me importa deciros que casi me quedo tieso del susto que pasé. Sin embargo, cuando uno forma parte de un grupo muy grande y todo lo que tiene que hacer es cumplir órdenes, se queda más confuso que otra cosa, como un zombi.

En el asiento de al lado había una chica y decidimos aterrorizarnos juntos. Nos dijeron que no habláramos, así que nos quedamos callados. Nos ordenaron que no nos moviéramos, así que nos quedamos quietos. No me importa admitir que no me van a proponer para ninguna medalla al valor. Para ser justos, sin embargo, en ese tipo de situación lo que importa no es ser valiente. Aunque hubiese sido muy valiente, tampoco habría sabido qué hacer.

Cuando todo se acabó y convencieron a los terroristas de que dejaran salir a los pasajeros, sólo recuerdo que andaba dando traspiés por el aeropuerto de El Cairo llevando a una chica preciosa del brazo. Cuando llegamos a la sala del aeropuerto, rompió a llorar como si aquello fuera el fin del mundo.

Tomamos un par de copas y nos quedamos esperando a ver qué iba a pasar. Luego, de repente, Hildegarde, que es la chica de la que os estoy hablando, dijo que por nada de este mundo volvería a subirse en un avión en toda su vida. Siempre ha tenido miedo de volar, aunque ha recorrido el mundo entero debido a su trabajo de modelo. Por lo que este último vuelo ha sido, de todas formas, el definitivo.

«Me voy a casa», me dijo, sujetándome de la manga, «y por nada, por nada del mundo volveré a dejar Oz mientras siga con vida.»

Así que para cuando le había dicho que yo me ocuparía de ella y que volveríamos a casa por mar, estábamos prácticamente prometidos. Tardamos unos cuantos días en organizar las cosas, pero finalmente hemos conseguido pasaje en un crucero que se dirige a Australia atravesando el océano Índico. Justo antes de desembarcar en Bombay, Hildegarde y yo nos casamos en presencia del capitán del barco.

Por supuesto, ya os imagináis lo que esto significa, ¿no? A menos que mi querida esposa (¡qué palabra más bonita!) cambie de idea —y no creo que eso pueda suceder en un futuro cercano—, tendré que dejar pasar esta oportunidad de visitar la madre patria para conocer a mi familia inglesa. Lo mejor que podemos hacer es no perder el contacto por correo. He metido una de las fotos de Hildegarde en la carta para que podáis ver lo preciosa que es la chica con la que me he casado. A lo mejor podríais mandarme vosotros una foto de familia, o dos, para que pueda hacerme una idea de cómo sois. No encuentro palabras para deciros cuánto lamento haber tenido que cancelar mi visita de este modo. El destino nos juega extrañas pasadas. Parece claro que la visita no estaba escrita, como solía decir mi madre.

Sin embargo, si no hubiera planeado visitaros, si vosotros no me hubierais animado a hacerlo, tal vez nunca habría partido de viaje, y entonces Hildegarde y yo nunca nos habríamos conocido. Así que tengo mucho que agradeceros por ponerme en el sitio exacto en el momento más oportuno, aunque no me importa admitir que no pensaba exactamente lo mismo cuando estaba con la vista clavada en el suelo del avión, temiendo que íbamos a saltar por los aires de un momento a otro.

Le he hablado a mi esposa (¡ya está la palabrita otra vez!) de vosotros, y a ella también le encantará tener noticias vuestras cuando podáis dirigirnos unas palabras. Tenemos que hacer unas cuantas visitas familiares cuando desembarquemos, pero esperamos estar en casa para finales de junio.

Cuidaos mucho.
Mil besos,

ALBERT Y HILDEGARDE POND

—Así que todo ha terminado —dijo Vinetta con alivio—. Vamos a contárselo a todos. Vamos a contárselo ahora mismo.

No hubo ninguna reunión formal en la habitación del abuelo ni dudas sobre a quién contárselo primero. La noticia corrió por toda la casa, de arriba abajo.

A las tres y media, cuando todo el mundo se hubo tranquilizado, la señorita Quigley salió a escondidas de su armario y puso sigilosamente los guantes sobre la silla del vestíbulo antes de pasar silenciosamente junto a Vinetta, que fingía estar ocupada en la cocina.

Entonces sonó el timbre de la puerta.

—¿Quién podrá ser? —dijo Vinetta, arreglándose el pelo al tiempo que se dirigía hacia la puerta sin soltar el paño de cocina.

—¡Señorita Quigley! —dijo, con una sonrisa de bienvenida—. ¡Menuda sorpresa!

—Espero no haber venido en mal momento, Vinetta, querida —dijo la visitante—. Creo que debo de haberme dejado los guantes aquí esta mañana. ¡Ah, sí! Ahí están —dijo, recogiéndolos de la silla del vestíbulo, al tiempo que miraba a Vinetta con expectación.

Vinetta entendió lo que le pedían y aprovechó la insinuación de la señorita Quigley.

—A propósito, Hortensia —dijo—. ¿Te acuerdas de la carta que nos llegó esta mañana?

—¿La de correo aéreo? —dijo, como si hubiera habido alguna otra.

—Sí, bueno... pues era de Albert Pond. Resulta que se ha casado y regresa a Australia con su mujer. Así que ya no nos va a venir a visitar.

—¡Qué pena! —dijo la señorita Quigley—. Les he estado hablando de él a todas mis amigas de la calle Trevethick y tenían ganas de conocerlo. ¡Van a creer que me lo he inventado todo! ¡Pero no importa! Será mejor que me marche ya; mi sobrino viene hoy a tomar el té.

En la sala de estar, Soobie oyó la voz aguda y tonta de la señorita Quigley, y se estremeció.

Pilbeam

—¿Dónde está Appleby? —le preguntó Soobie a su madre, un caluroso día de principios de junio.

La pregunta no era normal. Soobie no solía sentir ni el más mínimo interés por el paradero de sus hermanos. Los gemelos y Googles estaban en el jardín trasero con Tulip, mientras que Joshua estaba durmiendo la siesta.

Vinetta estaba en la cocina, ocupada en su tarea favorita. En un mundo de ficciones, lo real era muy importante. Cocinar era una pura representación, al igual que comer y fregar las tazas y los platos (salvo cada pocos meses, cuando los pasaban por agua para quitarles el polvo). Pero lavar la ropa y planchar eran tareas reales. Lavar, incluso con una lavadora moderna, no era una tarea agradable para una muñeca de trapo. Las ropas húmedas están... bueno... húmedas, y la humedad de una colada se puede introducir hasta el fondo del miraguano. Lavarse, lavarse uno mismo, era algo necesario de vez en cuando, aunque también una tarea muy «húmeda». A nadie le gustaba realmente lavarse. Uno tardaba muchísimo en secarse, especialmente si la esponja estaba demasiado llena y el agua se te metía dentro. ¡Pero planchar! Planchar era una tarea cálida, seca y ciertamente agradable.

Vinetta dejó la plancha y dirigió su mirada hacia Soobie con curiosidad.

—No sé muy bien dónde está, pero no está en la casa. Salió hará unos diez minutos, vestida de calle y con el bolso al hombro. ¿Querías que te trajera algo?

—No —dijo Soobie—; sólo quiero estar seguro de que no anda por aquí. Es demasiado curiosa, y tengo que enseñarte algo especial.

—¿De qué se trata? —preguntó Vinetta, al tiempo que sacaba de la cesta una de las camisas de Joshua y la extendía sobre la tabla de planchar.

—Tendrás que desenchufar la plancha y venir conmigo —dijo Soobie.

—Bien, ¿pero adónde?

—Al desván.

De haber sido cualquier otro miembro de la familia, salvo Joshua, quizá, Vinetta hubiera insistido en saber de qué se trataba. Se habría mostrado muy reacia a dejar algo real para introducirse en cualquier ficción ajena. Pero Soobie era diferente. Él nunca hacía ninguna representación por su cuenta. Si había algo que ver en el desván, sería real y no se trataría de ninguna bobada. Con la experiencia de Joshua y la rata de Sydenham's en mente, Vinetta se estremeció mientras seguía a Soobie por las escaleras estrechas y sin alfombra que llevaban al desván.

Al entrar, Vinetta se sorprendió agradablemente. En cuarenta años apenas se había aventurado alguna vez a entrar en aquel lugar y, por lo que ella recordaba, debía haber estado oscuro, desordenado y sucio. Era una zona de la casa muy extraña. Sin embargo, lo que veía ahora era una enorme y limpia habitación doble, con dos claraboyas bastante despejadas que dejaban pasar a los luminosos rayos de sol. Cerca de la puerta había una mecedora y una mesa con una sola pata. También había cacharros, claro, pero cacharros ordenados, distribuidos y apilados a conciencia. Al otro lado del enorme desván, bajo la segunda claraboya, había un espacio en el que se podían ver dos grandes baúles de mimbre. En el extremo había otra puerta, una rareza arquitectónica, puesto que allí no había más escaleras.

Soobie condujo a su madre hasta el baúl que contenía los rollos de tela y levantó la tapa.

—Lo encontré mientras limpiaba esto para la visita de Albert Pond —le explicó.

Vinetta sacó una de las telas y la revolvió con el brazo, dejando que se extendiera varios metros. La luz del sol que entraba por la claraboya iluminó un diseño de flores entrelazadas en tonos rojizos, pardos y dorados. Vinetta lanzó una exclamación ante la belleza del dibujo y la calidad de la tela. Aquello era material real para otra tarea real.

«Soy una mujer afortunada», decía ella con frecuencia; y ver aquellas telas le hacía sentirse algo más que afortunada.

Soobie se sintió muy feliz al ver tan ilusionada a Vinetta; pero, por supuesto, tenía que darle todavía más sorpresas: había otro baúl.

—¿Qué hay en el otro baúl? —preguntó Vinetta—. No serán más telas como éstas.

—No —dijo Soobie con voz suave—. Hay algo realmente sorprendente. Yo me quedé de una pieza al verlo.

Vinetta se asustó y dio un paso atrás, apartándose del baúl justo cuando había estado a punto de abrirlo.

—Soobie, no me gustan las sorpresas. Puedo vivir sin ellas. Albert Pond ha satisfecho todos mis deseos de sorpresas.

—Lo sé, mamá, pero no hay manera de evitarlo. Te aseguro que no es una sorpresa que te haya preparado yo a propósito. Estaba ahí y es sorprendente. Pero no es terrible —continuó diciendo para tranquilizarla—. Es sólo que cuando murió la tía Kate debía de estar haciendo algo que no tuvo tiempo de terminar.

—¿Algo? —preguntó Vinetta, toqueteando la tapa del baúl.

—Alguien —dijo Soobie, corrigiéndose—. Ahí dentro hay una muñeca que necesita que la acaben. Es como nosotros, pero está sin acabar.

Vinetta levantó bruscamente la tapa y contempló los ojos perplejos, tristes y negros de Nuova Pilbeam. Le tocó suavemente la mejilla pintada, levantó la cabeza junto con el papel de seda y vio el cuerpo que había debajo, con el nombre aún clavado en su jersey de colores, del mismo tipo que los que solía llevar Appleby en su época juvenil de verdad. Durante unos cuantos minutos, Vinetta se quedó con la vista clavada en la muñeca y sin pronunciar palabra, mientras Soobie aguardaba a su lado sin decir nada tampoco.

—No les digas nada de esto a los demás —dijo Vinetta finalmente—. Esto es cosa mía y de nadie más. ¡Pobre, pobrecita Pilbeam!

Cuidadosamente y con la mirada de una costurera, Vinetta examinó por completo a aquella niña inacabada. Luego, ella y Soobie volvieron a guardarla en la caja y bajaron a la casa con el alma apesadumbrada.

Appleby llegó unos diez minutos después de que Vinetta hubiera vuelto a ponerse ante la tabla de planchar.

—¿Dónde has estado? —preguntó su madre.

—Seguro que no lo adivinas —dijo Appleby, con su irritante tono habitual.

—Pues claro que no —dijo Vinetta en tono cortante—, ni tampoco pretendo intentarlo.

—¡Vale, cascarrabias! Te lo voy a decir de todos mo dos. He ido a una cabina de la estación a sacarme fotos. Me he sacado ocho y voy a mandarle las dos mejores a Albert Pond. Seguro que soy igual de guapa que su Hildegarde.

Las fotos eran buenas. Mostraban a una pelirroja impresionante, con gafas de sol de montura verde y una camiseta negra con rayas verdes.

—Son preciosas —dijo Vinetta en tono sincero—. Espero que me des alguna a mí. No creo que pase nada porque le mandes un par de ellas a Albert, pero no lo hagas demasiado pronto. El abuelo cree que mantener una amistad por correspondencia, eso sí, con mucha cautela, es probablemente lo único que podrá mantenernos a salvo. Albert ya tiene sus propias preocupaciones y no nos necesita. Probablemente escriba dos o tres veces y a partir de entonces se limitará a una postal por Navidad, hasta que, finalmente, no nos envíe ni eso.

El cumpleaños de Appleby

«¡Cumpleaños feliz,
cumpleaños feliz,
te deseamos todos,
cumpleaños feliz!»

Tulip, Vinetta, Joshua y los gemelos cantaban al unísono, y Poopie se las arregló para poner una voz más potente y grave que todos los demás juntos. Estaban en el comedor grande, una habitación poco usada, con mobiliario oscuro y un barniz muy brillante, una habitación para las grandes ocasiones. Había una mesa para comer que podía dar cabida a doce personas y que se extendía desde la puerta hasta la cristalera que daba al jardín trasero. La mesa estaba cubierta con un mantel de lino de un blanco muy puro, adornado con un ancho ribete de finos bordados, y, encima, habían colocado hermosos platos de cerámica para la ficción de la fiesta. Una parte de los platos tenía antiguas galletas azucaradas. La pieza central parecía un pastel de cumpleaños de verdad, con sus velas, flecos alrededor y un «Feliz cumpleaños, Appleby» escrito encima. Junto a la pared más larga había un aparador con una pila de paquetes preparados para que los abriera la homenajeada.

Appleby estaba orgullosa de su cumpleaños. Cada cuatro de julio volvía a cumplir los quince años, aunque no se sabía cuál era el momento en que volvía a los catorce. En Navidad siempre tenía catorce, eso estaba claro. En otras épocas decía tener quince años si eso le servía para sentirse adulta. Ocasionalmente, en plena discusión, podía afirmar tener casi dieciséis. Pero siempre celebraba su decimoquinto aniversario.

Nadie más de la familia festejaba nunca su cumpleaños. Los adultos eran demasiado adultos. Googles sólo tenía unos cuantos meses, por lo que nunca acababa de cumplir su primer año. Los gemelos cumplían los diez en Navidad, todas las Navidades, por supuesto, lo que formaba parte de las celebraciones. Soobie podía haber pedido un decimosexto aniversario, pero como creía que las ficciones eran estúpidas, no permitía celebraciones. Además, nunca iba a las fiestas de Appleby y tampoco le compraba ningún regalo.

—Primero, abriré el regalo del abuelo —dijo Appleby, rasgando el envoltorio del paquete en el que, entre diversas y sofisticadas florituras, podía leerse: «A mi nieta más querida».

Appleby siempre abría ese paquete primero, en parte por cuestiones ceremoniales y en parte porque sabía que él era quien normalmente compraba lo más caro y lo más bonito para la que él creía la más bonita. Aquel año se trataba de un escritorio de cuero rojo oscuro con un recambio completo de papel de escribir, sobres y papel de notas rosa y perfumado. Se cerraba con una cremallera y llevaba las iniciales «A. M.» grabadas en oro en una esquina.

—Le escribiré a Albert Pond —exclamó entonces Appleby emocionada.

—Ya me imaginaba que lo harías —dijo Tulip con una sonrisa—, así que lo mejor será que ahora abras mi paquete.

Appleby abrió la pequeña caja ovalada que le señalaba su abuela. Dentro había un bolígrafo de acero inoxidable en el que habían grabado su nombre.

—No es una pluma —dijo Tulip, rápidamente—, pero es un buen bolígrafo. Espero que lo cuides.

—Es precioso, abuela —dijo Appleby, al tiempo que la abrazaba rápidamente antes de abrir los demás regalos.

Vinetta le había regalado un álbum para sus fotos de moda.

—Esto supondrá un cambio después de tantos álbumes de sellos —le explicó—. Ya debes de tener docenas.

Joshua le había comprado a su hija un elefante de bronce para añadir a su colección. Appleby siempre estaba coleccionando algo, y aquél había sido el año del elefante.

—Con éste ya van diez, pero el de ahora es el más bonito. Fijaos en las orejas.

Los gemelos empezaron a reírse cuando Appleby echó mano de un gran paquete que era de ellos.

—La broma de siempre —dijo Appleby, dirigiéndoles una sonrisa.

Pero no por eso dejó de desenvolver capa tras capa de papel para buscar lo que sería un regalo de muy escaso tamaño y, probablemente, escaso valor. El año anterior había sido una chocolatina.

Cuando por fin dio con el regalo, resultó ser aún más pequeño; tanto, que hubiera sido fácil tirarlo junto con los envoltorios. Los gemelos aguardaron expectantes la reacción de Appleby.

—Bueno, pues ya está claro —dijo, sosteniendo un cuadernillo de sellos de correos—. Ahora sí que tengo que escribirle a Albert Pond. No me podíais haber comprado un regalo más bonito.

Poopie y Wimpey se quedaron encantados con la aprobación de su hermana.

—Lo hemos comprado nosotros en persona —dijo Poopie—. Lo sacamos de la máquina. No son de los que se compran en el mostrador sin más.

—Pensamos que a lo mejor te parecía una tontería —dijo Wimpey, aún con un poco de ansiedad—, porque tú vas mucho a la oficina de Correos. Poopie dijo que a lo mejor te parecía una bobada cuando yo le sugerí el regalo.

—No, no creo que sea ninguna tontería —dijo Appleby, en tono amable y muy adulto—. Ha sido una gran idea y todo un detalle, además de que va muy bien con el bolígrafo y el escritorio.

Aquél era un día en el que Appleby siempre era buena y agradable con todo el mundo. Se sentaron a la mesa y comieron pasteles y bocadillos ficticios, y bebieron limonada ficticia en grandes vasos de cristal de verdad. Luego, por fin, Appleby se levantó, cerró los ojos y pidió su deseo mientras fingía apagar las quince velas sin encender de la tarta de cartón que Vinetta sacaba y desempolvaba año tras año.

Cuando se acabó la fiesta, Appleby subió al piso de arriba para darle las gracias al abuelo por su regalo.

—Voy a escribirle a Albert Pond —le dijo—, y voy a enviarle esas fotos que te enseñé.

—Espera una o dos semanas más, pequeña —le aconsejó el abuelo—. No queremos que tenga demasiadas ganas de saber de nosotros. Si nos ponemos excesivamente amistosos, corremos el riesgo de que cambie de idea y venga, con esposa o sin ella.

Los progresos de Pilbeam

La mecedora se balanceaba suavemente de un lado para otro. Lo único que veía Soobie desde la puerta del desván era el respaldo. Flotando en el aire, se oía la voz de Vinetta leyendo un cuento que Soobie conocía sobre unos niños que volaban en una alfombra mágica en busca del final del arco iris.

¿Pero dónde se encontraba Vinetta? ¿Y quién estaba escuchando aquella vieja historia?

Estaban a finales de agosto y Soobie sentía nuevos deseos de ver el desván y de poder echarle una ojeada a la pobre Pilbeam. Así que, al concluir la hora familiar, les había dado a los gemelos tiempo para dormirse y luego había subido sigilosamente por las escaleras, algo nada sencillo ni calzado con suaves zapatillas azules, por lo mucho que crujían aquellos peldaños sin alfombra. La extraña puerta del desván, que tenía un lado más largo que el otro, se abrió temblorosa, y Soobie vio cómo se movía la mecedora incluso antes de llegar al escalón superior. Al acercarse, sintió que un escalofrío le recorría la espalda al ver que los balancines subían y bajaban. Sin embargo, se sintió reconfortado por el sonido de la voz de Vinetta, que leía el viejo cuento.

Soobie entró en el desván con paso decidido y, tras rodear la mecedora, que seguía moviéndose, se encontró cara a cara con Vinetta sentada en el escabel con el libro sobre las rodillas. Ella levantó la vista y le dirigió a Soobie una sonrisa triste e insegura.

—Tú eres el único que sabe algo —le dijo—, y así debe seguir siendo.

Soobie le dio la espalda a su madre para examinar la mecedora y a su misteriosa ocupante.

Pilbeam estaba allí sentada, con una media sonrisa consciente y con unos ojos negros que parecían adoptar una mirada de interés inteligente. Era lo que Soobie se había imaginado. Era lo que había deseado desde la primera vez que había sujetado aquella pobre cabecita; pero eso no le impidió sentirse asombrado.

—Cuéntamelo, madre. Cuéntame lo que ha pasado. Cuéntamelo todo.

Vinetta cerró el libro, y Soobie se arrodilló en el suelo, a su lado.

—Desde hace varias semanas paso mi tiempo libre acabando a Pilbeam, uniéndole todas las partes para hacer la persona completa en que ya se ha convertido. No ha sido fácil, pero sabía que era posible. Acuérdate de la pierna de tu padre. Nadie se daría cuenta de que la he hecho yo y no la tía Kate. También he remendado a Poopie y a Wimpey una y otra vez cuando se han hecho daño jugando o se han caído en el jardín. Esto era más laborioso y difícil, pero no imposible. Lo que no sabía, y sigo sin saber aún ahora, es si la pobre chica llegará a adquirir una vida tan completa como todos nosotros.

—Parece viva —dijo Soobie, mirando a la muchacha, que seguía balanceándose en la mecedora y estaba vestida con una camiseta amplia y rosa, pantalones negros y unas zapatillas de deporte—. Veo que la has cambiado de ropa —añadió.

—No podía dejarla anclada en un estilo de hace cuarenta años. Si se va a unir a la familia, tendrá que ser en igualdad de condiciones con los demás adolescentes.

—Con Appleby —dijo Soobie, asintiendo con la cabeza y esbozando una sonrisa que era casi una mueca.

—Exactamente.

—¿Y ahora qué? ¿Qué queda por hacer?

—Aún no ha hablado. Hasta que no salvemos ese obstáculo no se podrá decir que esté viva de verdad. Por eso le leo y le hablo siempre que puedo.

Soobie recogió el libro y lo miró con un cierto afecto, aunque no exento de crítica.

—Es demasiado mayor para este tipo de cuentos.

—Eso ya lo he pensado —dijo Vinetta—, pero me parece que en lo que respecta a la lectura, lleva cuarenta años de retraso. A ti te gusta este libro, lo sé, y debe de tener aproximadamente tu edad. En todos nosotros hay una parte que nunca es demasiado mayor para un buen cuento de hadas. Eso sí, también le leo otras cosas: revistas para jóvenes, novelas de asesinatos y misterio, ciencia ficción, artículos de prensa... Dentro de poco, le subiré la televisión portátil y quién sabe si también el viejo tocadiscos.

Soobie se quedó meditando un rato y luego dirigió la vista hacia el libro que Vinetta continuaba sosteniendo entre las manos.

—Nunca había leído este libro. Nací sabiendo que en algún momento, en el pasado inexistente, debía de haberlo leído. Cuando tenía unos once años... pero, claro, nunca he tenido once años. Sólo de pensarlo, ya me mareo. ¿Cómo sabemos con qué recuerdos nacerá Pilbeam?

—No lo sabemos —dijo Vinetta—. La situación es nueva. Sólo podemos dejarnos llevar por nuestro instinto e intentar hacerlo bien con todas nuestras fuerzas.

Pilbeam había comenzado a mecerse con un poco más de fuerza y parecía aún más interesada en todo lo que se estaba diciendo. Cuando Soobie se giró hacia ella, le dio la impresión de que, en cierto modo, se sentía prisionera de su silencio.

—La ayudaré —dijo Soobie—. Le hablaré de música, de teatro y de deportes, y de todas las cosas que le interesan a Appleby. ¿Y qué me dices del movimiento? ¿Sabe andar?

Vinetta negó con la cabeza.

—Se puede mover, eso está claro. Fíjate cómo agarra los brazos de la mecedora para impulsarla, y cómo mueve ligeramente la cabeza al vernos hablar, como si nos mirara primero a uno y luego a otro. Nunca la he visto andar, pero en dos ocasiones me la he encontrado sentada en el suelo, delante de la mecedora, como si hubiera hecho un esfuerzo para conseguirlo, aunque sin éxito. Tendrá que pasar algún tiempo, Soobie. Lo sorprendente sería que no lo necesitara.

Los dos conspiradores comentaron los turnos que harían para cuidar de Pilbeam y devolverla a la vida. Para cuando habían acabado de hablar, ya estaba oscureciendo.

—Deberíamos traer una luz aquí —dijo Soobie—. Mañana subiré mi linterna. Las velas iluminarían más, pero siempre suponen un riesgo.

—A lo mejor no hace falta —dijo Vinetta—. Si te fijas en la viga que atraviesa el desván, verás que hay un casquillo para poner una bombilla.

—Mejor aun —dijo Soobie—. Todo lo que hace falta entonces es encontrar el interruptor. Probablemente esté cerca de la puerta. Mañana traeré una bombilla.

El interruptor se encontraba en la parte exterior de la puerta. Soobie se alegró de encontrarlo. Los días empezarían pronto a acortarse y necesitarían luz para alargar el tiempo de trabajo. Desgraciadamente, no hubo modo de encontrar ningún enchufe, pero tanto la televisión como el tocadiscos podían funcionar con pilas. Aquélla era una tarea real y Soobie se la tomó muy en serio. Era la primera vez en su vida que estaba interesado en algo que lo alejara de sus libros y de su silla junto a la ventana de la sala de estar.

Las cartas

Era una mañana muy lluviosa. Hasta las cartas que yacían en el suelo del vestíbulo estaban húmedas. Tulip las recogió y las examinó. Sólo había dos cartas: una de escaso grosor y azul, de correo aéreo, dirigida a la señorita Appleby Mennym, en una caligrafía en la que reconoció inmediatamente la mano de Albert Pond; y la otra, un sobre muy grueso y alargado a nombre de sir Magnus. Tulip le dio la vuelta a la carta gruesa. Detrás decía: «En caso de ausencia del destinatario, se ruega devuelvan a Cromarty, Varley y Thynne, abogados».

—¡Hmm! —se dijo Tulip—. ¿Qué querrán?

En ese momento, Appleby bajó las escaleras, todavía vestida con la bata, aunque eran casi las once y media y las cartas habían llegado en la segunda entrega del cartero.

—Una carta para ti —dijo Tulip en tono seco. Entonces miró a su nieta con mayor atención—. No estaría de más preguntarte por qué sigues aún en bata a estas horas del día, señorita, pero, más importante aún: ¿por qué llevas los vaqueros debajo? No se te habrá ocurrido dormir con ellos puestos, ¿verdad?

Appleby le arrancó la carta de las manos.

—Eso a ti no te importa; pero, ya que lo preguntas, estaba a medio vestir cuando oí al cartero y pensé que a lo mejor había carta para mí. Han pasado por lo menos ocho semanas desde que le escribí a Albert Pond y sabía que su respuesta llegaría de un momento a otro.

—Si es así como piensas hablarle a tu abuela, más te vale no volver a hacerlo. Creo que va a pasar mucho tiempo antes de que vuelva a hablar contigo —los ojos de cristal de Tulip brillaron iracundos detrás de sus pequeñas gafas. Estaba muy, pero que muy enfadada.

Appleby pareció vacilar; incluso se asustó un poquito. Con el paso de los años, se había vuelto cada vez más descarada; pero tener un enfrentamiento abierto con Tulip no era nada inteligente. Eso lo sabía hasta Appleby.

—Perdona —dijo, en una voz no muy convincente—. Es que todo el mundo siempre se está metiendo conmigo. Parece que nunca hago nada del agrado de nadie y que todos creéis que me podéis decir lo que queráis.

—Muy bien —dijo Tulip en tono seco—. Se acepta la disculpa. Y ahora lee la carta y cuéntanos qué se le ha ocurrido esta vez a Albert.

—¿Y ésa otra de quién es? —preguntó Appleby, con la mirada puesta en el sobre que aún sostenía Tulip.

—Es una carta para el abuelo. Iba a subírsela ahora mismo.

A Tulip no se le ocurrió mencionarle que era de un abogado, y Appleby no mostró mayor interés. Su propia carta era mucho más importante, por lo que abrió el sobre rápidamente.

—¡Escucha, abuela, escucha esto! —exclamó, olvidando su anterior impertinencia—. Albert Pond quiere que les haga una visita a Australia. Dice que me enviará el dinero para el billete y que yo sólo tengo que decirle en qué fecha puedo ir. ¿Verdad que es maravilloso?

Vinetta salió de la cocina para saber la causa de tanta emoción. Soobie giró en su silla de al lado de la ventana y contempló con asombro a su loca hermana desde la sala de estar. Al menos, la palabra *loca* era la única que se le ocurría en aquel momento para describir a una muñeca de trapo que se imagina que puede irse tranquilamente de viaje a las antípodas.

—¡Appleby! —exclamó su madre—. ¿En qué estás pensando? Que tú fueras allí sería tan malo como que él viniera aquí; o incluso peor.

Appleby pareció desanimarse.

—Podría haber visto Ayers Rock, y Perth y Melbourne y el Palacio de la Ópera de Sidney y el puente del puerto. Hubiera sido increíblemente maravilloso, un sueño hecho realidad.

—Ninguno de nuestros sueños se hace realidad —dijo Sooby, en tono amargo, desde la sala de estar.

—Tú cierra el pico —le replicó Appleby de malos modos—. Nadie te ha pedido tu opinión.

Vinetta buscó un modo de recuperar la paz. Cuarenta años de experiencia no habían bastado para hacerla más insensible ante la falta de armonía, y ahora sufría igual que en aquel lejano y borroso día en el que sus hijos habían tenido su primera discusión.

—A lo mejor podíamos fingir que te vas de vacaciones —le sugirió a Appleby—. Podrías hacer algunas maletas y nosotros nos despediríamos de ti desde la puerta principal.

Appleby se apuntó a la idea de inmediato.

—Y podría estar fuera un mes y todos me echaríais de menos, pero os enviaría postales y a lo mejor hasta unos cuantos regalos.

Soobie gimió de desesperación.

—¿Dónde te meterías durante un mes si no estás aquí, cabeza de chorlito? ¿Quizá en el armario, con la señorita Quigley?

Vinetta y Tulip se quedaron escandalizados. Nadie debía mencionar nunca el armario. La señorita Quigley vivía en la calle Trevethick. Todo el mundo lo sabía.

—Bueno —dijo Soobie, saliendo al vestíbulo con expresión de vergüenza—. Ella se lo ha buscado por su forma de comportarse, pero siento haberlo dicho. No debería haberlo hecho.

—Me puedo quedar en el desván —dijo Appleby en tono cortante—. Aunque no es en absoluto de tu incumbencia, Soobie Mennym.

Vinetta comenzaba a desear no haber mencionado nunca las vacaciones ficticias.

—No te puedes quedar en el desván, pequeña. Está demasiado sucio —dijo rápidamente—. No te preocupes, ya pensaremos en algo.

Y así quedó la cosa de momento. Tulip se marchó escaleras arriba a entregar la otra carta, la que iba dirigida a sir Magnus. Tulip no tenía ni la más remota idea de que lo que llevaba entre las manos era una bomba.

El círculo interno

Esa noche hubo una reunión de los miembros adultos de la familia en la habitación de sir Magnus. Se produjo después de la hora familiar. Los niños más pequeños estaban acostados: Appleby, en su habitación, y Soobie había subido a escondidas al desván.

La señorita Quigley asistió a la reunión.

—Debe venir —dijo sir Magnus con firmeza esa misma tarde—. Tiene derecho a estar aquí. Es una tonta y no la soporto, pero quien tiene derecho, tiene derecho.

Así que Vinetta había ido, plumero en mano, y había dado tres golpecitos en la puerta del armario. Luego, inmediatamente, le había dado la espalda, y había comenzado a desempolvar vigorosamente el perchero que se encontraba en el vestíbulo.

La puerta del armario se abrió detrás de ella y la señorita Quigley sacó la cabeza. Al ver la espalda de Vinetta, comprendió enseguida lo que sucedía, por lo que aguardó y escuchó.

Vinetta llamó a Joshua, que estaba en el pequeño guardarropa buscando un par de botas de lluvia para ir a trabajar.

—A propósito, Josh, tu padre quiere que el círculo interno se reúna en su habitación esta noche a las ocho. Sabe que tú no podrás asistir, por supuesto, pero según parece es una reunión importante. Le he enviado a la señorita Quigley una nota para invitarla a venir.

La puerta del armario se cerró silenciosamente.

Joshua no había oído lo que le había dicho Vinetta, pero de todas formas tampoco era a él a quien le había estado hablando.

—¿Por qué será —refunfuñó— que cada vez que llueve me cuesta tanto encontrar mis botas? Aquí dentro hay raquetas de tenis, balones de fútbol y todo tipo de cosas.

A las ocho menos veinte de esa misma noche, la señorita Quigley, paraguas en mano, cruzó rápidamente la cocina y salió por la puerta trasera. Dos minutos después, sonó el timbre de la puerta principal.

Vinetta fue a abrir rápidamente.

—Pobrecita; mira que tener que venir en una noche como ésta. Espero que no te hayas empapado. Déjame que te guarde el paraguas. En la sala de estar hemos encendido el fuego; por favor, ven a entrar en calor y secarte.

Vinetta mostró todo tipo de atenciones hacia su visitante, y la señorita Quigley se calmó un poco, aunque sin perder del todo la ansiedad.

—Recibí tu mensaje —dijo, mientras entraban en la sala de estar—. Sabía que debía de ser urgente. No será ese Albert Pond otra vez, ¿verdad?

Vinetta negó con la cabeza.

—No tengo ni la menor idea de quién se trata. Ni siquiera Tulip lo sabe con exactitud. Lo único que sabemos es que esta mañana ha recibido una carta de un abogado y que está de mal humor desde entonces. Debe de ser importante. Dijo que tú tenías derecho a estar presente. De hecho, insistió en que vinieras.

La señorita Quigley pareció bastante halagada, aunque seguía preocupada.

A las ocho en punto, el círculo interno se reunió en la habitación del abuelo.

Sir Magnus estaba incorporado en su lecho, bien apoyado en las almohadas. El pie púrpura se balanceaba a desgana. En las manos tenía la carta.

—Esta carta —dijo— es de una firma de abogados. No son los nuestros. De hecho, no los conocía de nada; pero, por lo que dicen, parece ser que ahora somos los dueños de la casa o, al menos, que yo lo soy. Hay varios documentos que tengo que firmar y devolver, pero cuando todo el papeleo esté listo, la casa será mía.

—¡Eso es maravilloso! —exclamó Vinetta—. ¡Qué generoso es Albert! ¡Se acabó el alquiler! Se acabaron las preocupaciones sobre nuestro futuro.

Sin embargo, el abuelo no parecía nada feliz. De hecho, no se le había visto feliz en todo el día.

—¿Hay alguna pega? —preguntó entonces Tulip con ansiedad.

—Tal vez las autoridades quieran saber algo más de nosotros si empiezas a firmar cosas para abogados extraños —dijo en tono temeroso la señorita Quigley, sentada muy recta en una silla de respaldo alto que había junto a la puerta.

—Llevo demasiados años engatusando a esos burócratas incompetentes para que no haya ningún problema —dijo sir Magnus—. Lo que hay que hacer se puede arreglar por teléfono o por correo. Ya he llamado a mi propio abogado, y él se ocupará de todo. Eso no tiene nada que ver con lo que me preocupa.

—Bueno, ¿y qué te preocupa entonces, Magnus? Sé un poco más claro. Nos tienes a las tres muy preocupadas, y encima sin saber qué nos preocupa —se quejó Tulip.

—Es por Albert Pond —dijo su marido—. Resulta que no existe.

—¿Qué quieres decir? —preguntó Vinetta—. ¿Acaso se ha muerto?

—No, quiero decir que no existe. Que nunca ha existido. Que no hay nadie en este mundo que responda al nombre de Albert Pond.

Las tres mujeres se le quedaron mirando perplejas.

—¿Cómo se te puede haber ocurrido pensar algo así? —preguntó Vinetta.

—Sé que es difícil de creer —dijo el abuelo—. A mí me ha llevado toda la tarde comprenderlo, pero tiene que ser verdad. Esta casa es ahora mía gracias al testamento del señor Chesney Loftus, que murió hace tres meses justos en Australia. Así que si Chesney Loftus estaba vivo hace un año, que fue cuando recibimos las primeras noticias de Albert Pond, resulta que esa persona no puede ser real.

—Así que ese tal Albert, quienquiera que sea, debe de ser una especie de embaucador —dijo Vinetta, estudiando las diversas posibilidades.

—¿Un embaucador que lo sabe todo sobre nosotros? —sir Magnus las estaba encauzando progresivamente hacia una verdad que él ya había deducido—. Llevo horas intentando hacer encajar las piezas. La única conclusión posible es la siguiente: dicho en la jerga de las novelas policiacas, se trata de un trabajo hecho desde dentro. Albert Pond es uno de nosotros.

—¡De nosotros! —exclamaron sobresaltadas las mujeres, al tiempo que se miraban entre sí.

A la señorita Quigley se le pasó por la cabeza que le habían pedido que acudiera a la reunión de forma muy insistente. ¡No podía ser que sospechaban de ella!

—Bueno, no exactamente de nosotros —dijo el abuelo—. Sería mejor decir de «ellos» —e hizo una lúgubre seña en dirección a la puerta, más allá de la cual se encontraban los miembros más jóvenes de la familia.

—¿Cuál de ellos? —preguntó la señorita Quigley, aliviada al ver que no sospechaban de ella.

—Bueno, los gemelos seguro que no —dijo el abuelo—. Poopie sería capaz de hacer algo así en una de sus travesuras, pero le falta inteligencia para llevarlo a cabo.

—Así que —masculló Vinetta— tienen que haber sido o Appleby o Soobie.

El abuelo de repente pareció muy viejo y muy, muy triste. Los ojos de botón negro se cubrieron con una neblina gris. Los grandes bigotes blancos parecieron inclinarse hacia abajo.

—Sólo puede haber sido Appleby —dijo—. Hasta yo tengo que reconocerlo. Soobie es demasiado sincero y directo. Nunca se inventa nada, y una ficción tan monstruosa como ésta es algo que nunca se le pasaría por la cabeza.

—Pero, ¿y las cartas? —preguntó Vinetta con voz temblorosa, tratando de comprender lo que quería decir el anciano.

—Debe de haberlas escrito ella misma disimulando la caligrafía. Es muy lista, ya lo sabéis. Ninguna de vosotras se da cuenta de lo lista que es.

—Las mandaron desde Australia. Eso es evidente —intervino la señorita Quigley.

—Llevaban sellos australianos —le corrigió sir Magnus—. Y esto constituye otra prueba más. ¿Quién colecciona sellos en la familia? ¿Quién va siempre a la oficina de Correos?

—Los sobres tenían matasellos de verdad —insistió la señorita Quigley, recordando la carta que había examinado y entregado a Vinetta.

—Eso no es problema para Appleby —dijo sir Magnus con un suspiro y meneando la cabeza—. Los falsificó. Y muy bien, todo hay que decirlo. No digo que hubiesen engañado a Sherlock Holmes, pero ciertamente a nosotros nos parecieron auténticos.

—Pero fue el cartero quien trajo las cartas. Appleby siempre está acostada a la hora a la que llega el correo —argumentó Tulip.

Entonces Vinetta recordó, con un nudo en el estómago, la mañana nevada en que se había encontrado con su hija en el vestíbulo y Appleby había puesto cara de culpabilidad. Tulip pensó a su vez en los vaqueros que la muchacha llevaba bajo la bata aquella misma mañana.

—Pero, ¿y la foto de Hildegarde? —preguntó la señorita Quigley—. Me la enseñó la última vez que vine a tomar el té.

Vinetta adoptó una expresión sombría.

—Se ha reído de todos nosotros —dijo—. Debería habérmelo imaginado. Tiene una caja de zapatos entera llena de fotos de moda. Pero si hasta le compré un álbum de fotos en su cumpleaños para que pudiera ordenarlas. Se debe de haber reído un buen rato de todos nosotros.

Vinetta estaba furiosa, pero al mismo tiempo tenía la sensación de que el mundo se había venido abajo. No podía comprender cómo una hija suya, querida hasta el punto de malcriarla, podía haber hecho algo así. Había tenido a toda la familia sufriendo durante un año entero. Era absolutamente incomprensible.

—¿Qué vamos a hacer? —preguntó, dirigiendo una mirada expectante a su suegro.

—No lo sé aún —dijo sir Magnus—. Ya conocéis los hechos. Sugiero que todos reflexionemos sobre el asunto. Cuéntaselo a Joshua en cuanto venga mañana por la mañana. Mañana por la noche se quedará en casa; así que sugiero que celebremos una reunión con toda la familia mañana a las siete de la tarde. A lo mejor para entonces ya se nos ha ocurrido algo.

La señorita Quigley pareció un poco incómoda.

—Por supuesto, usted también debe acudir, señorita Quigley. Mi nieta, por las razones que sean, le ha causado muchas preocupaciones.

La boca mojigata de la señorita Quigley se estremeció. Todo su rostro pareció derrumbarse. De repente, se levantó y dio la impresión de ser más alta, además de estirada como un palo.

—Creo que no puedo seguir fingiendo que vivo en la calle Trevethick —dijo con amargura—. Volveré al armario del vestíbulo y me echaré a dormir hasta que me volváis a llamar.

La señorita Quigley se dio la vuelta y se dirigió a la puerta, para a continuación bajar los dos tramos de escaleras que la separaban del vestíbulo. La costumbre la incitaba a girar a la izquierda, en dirección a la puerta principal, pero con feroz determinación giró a la derecha y recorrió firmemente el pasillo hasta llegar a su armario. Tulip y Vinetta, que la contemplaban desde la barandilla, la vieron abrir claramente la puerta y desaparecer dentro.

—Ojalá no hubiera hecho eso —dijo Vinetta—. Parece el fin de toda una era.

Tulip tenía una sensación muy parecida, pero decidió mostrarse fuerte, y dijo:

—No te preocupes. Lo superará. Todos lo superaremos. Ya lo verás.

—Podríamos pedirle que viniese y viviera con nosotros de verdad. Al fin y al cabo, tenemos espacio de sobra —sugirió Vinetta, que se sentía culpable.

—No, de eso nada —dijo Tulip—. Sería imposible vivir con ella. En pequeñas dosis, en dosis pequeñísimas, sí la puedo tragar. Y lo mismo le sucede al resto de la familia. Nosotros también tenemos nuestros propios derechos.

Sola en el desván

A la mañana siguiente los adultos guardaban silencio, presos de una gran ansiedad y decididos a no decir ni una palabra sobre las maldades de Appleby hasta la reunión de la tarde. A los cuatro hijos sólo se les dijo que acudieran a la habitación del abuelo a las siete. Sus preguntas recibieron respuestas muy vagas, y hasta Soobie, que podía haber esperado una respuesta sincera, se tuvo que resignar con quedarse como estaba.

Mientras el resto de la familia dejaba pasar el tiempo del mejor modo posible, la muchacha del desván dio un gran paso adelante.

Vinetta y Soobie llevaban semanas hablando con ella y enseñándola. Se lo contaron todo sobre su familia y su historia, repitiéndole las cosas una y otra vez con distintas palabras. Le leyeron, le pusieron todo tipo de música en el pequeño tocadiscos, trajeron su baúl de mimbre del otro lado del desván y lo utilizaron como soporte para el televisor portátil (que al estar en el desván recibía muy bien la señal). Siempre elegían por ella lo que debía ver, y cuando abandonaban el desván, apagaban el aparato. Ambos la trataban como si fuera algo extremadamente frágil y a la vez muy valioso.

Pilbeam se balanceaba en su mecedora con sumo cuidado y observaba todo lo que sucedía a su alrededor. Aprendió a sonreír y a fruncir el ceño. Había conseguido andar; sí, andar, aunque con pasos inseguros, desde su mecedora hasta la mesa redonda. A Vinetta le había encantado comprobar que podía hacerlo, aunque también le preocupaba pensar que aquel intento de hacer demasiadas cosas pudiera acabar con el hálito de vida que había surgido en su interior.

Pero la mañana que llegaron las cartas no había nadie con Pilbeam en el desván. La lluvia caía con un lento goteo sobre las claraboyas. Era un día gris y oscuro, por lo que los rincones del desván se hallaban en la más absoluta penumbra. Normalmente, cuando estaba sola como ahora, Pilbeam se limitaba a mecerse de vez en cuando y a adoptar una mirada casi ausente, deseando que viniesen Vinetta o Soobie. Una de las cosas que había aprendido con mayor rapidez era desear.

Sin embargo, aquella mañana concreta, fue distinta. Pilbeam miró a su alrededor con mayor concentración, esforzándose por ver mejor. La pantalla anacarada de la televisión estaba vacía. El tocadiscos, desconectado y en silencio. De repente, Pilbeam tomó una decisión. Rígida, pero no tanto como había temido, se levantó de su mecedora y fue hasta la puerta por la que tantas veces había oído a Vinetta y a Soobie entrar a sus espaldas. Era una puerta extraña y asimétrica; pero eso Pilbeam no lo sabía, porque era la primera puerta que veía en su vida. Encontró el pomo y lo giró. La puerta se abrió hacia dentro. De algún modo, sabía —y, según descubriría, era una de las cosas que había nacido sabiendo— que las bombillas se encienden con interruptores. Por eso, cuando vio un interruptor en la pared de fuera, lo presionó. Y en el desván, de repente, se hizo la luz: algo que hasta entonces había sido una especie de truco mágico que Soobie y Vinetta dominaban a su antojo. Pese a lo muy afectuosos y respetuosos que eran, a ninguno de los dos se les había pasado por la cabeza la idea de dejar a Pilbeam alguna luz cuando se quedaba sola.

Pilbeam se detuvo en el umbral, contemplando el iluminado desván y sintiéndose muy orgullosa de sí misma. Había sido un mal logro para un día de trabajo. Las escaleras estrechas y sin alfombra no le atraían todavía. El resto de la casa, al menos de momento, podía seguir siendo un misterio.

Pilbeam regresó a su seguro refugio y cerró la puerta. La luz eléctrica iluminaba hasta el último rincón. Avanzando ya con más facilidad, comenzó a explorar. Primero fue hacia los libros que había sobre la mesa. Tomó el que estaba encima y lo abrió. Se titulaba *Orgullo y prejuicio*. Pilbeam, tal como cabía esperar de alguien que tuviera dieciséis años, descubrió que podía leer, otra cosa fantástica que ya sabía desde el instante de su nacimiento.

Así que durante las dos horas siguientes, mientras abajo se vivía el drama en silencio, Pilbeam se dedicó a conocer a los personajes del libro de Jane Austen, a la familia Bennet y a sus amigos y parientes. Pilbeam abandonó la lectura al final del capítulo treinta y cinco, en el que la carta que le había enviado Darcy a Elizabeth revelaba la traición del señor Wickham. Abajo, en su habitación y en ese preciso instante, sir Magnus Mennym estaba dándole vueltas a la carta del despacho de abogados de Cromarty, Varley y Thynne, para llegar a la desagradable conclusión de que en aquella casa alguien había cometido una gran traición, y que ese alguien no podía ser más que su nieta favorita.

Pilbeam, que no sabía nada de todo aquello, era ahora más consciente de sí misma. Volvió a dejar bien colocado el libro en su sitio y se sentó en el escabel, mirándose los dedos y moviéndolos sistemáticamente.

Luego se levantó y paseó por la habitación, curioseando por aquí y por allá entre los cacharros arrinconados. Decidió conscientemente no encender aún la televisión, aunque estaba segura de que hubiera sabido hacerlo. El tocadiscos, sin embargo, parecía más complicado.

En medio de sus andanzas se encontró con el espejo. Era un espejo ovalado, con un marco de madera punteado, y colgaba sobre un pequeño aparador. Pilbeam lo descolgó y se fue con él a la mecedora.

Tras echar una ojeada en el espejo, Pilbeam pronunció sus primeras palabras en voz alta.

—Espero que no crea que me voy a dejar el pelo así. Está espantoso —dijo en tono combativo.

Como era Pilbeam y no Appleby, no dio un pisotón, ni se puso a hacer aspavientos, ni tiró el espejo al otro extremo de la habitación. Por el contrario, lo dejó suavemente en el suelo, a su lado, y comenzó a dehacer metódicamente sus trenzas, que tal vez estuvieran bien hacía cuarenta años, pero que sin lugar a dudas no lo estaban ahora.

Cuando Soobie subió tras la hora familiar, se dio un buen susto al ver la luz encendida. Supuso que Vinetta debía de haberse pasado por allí y se le habría olvidado apagarla. La mecedora se estaba moviendo, pero no había nada de raro en eso. Soobie entró en el desván y su primera sospecha de que algo había cambiado vino cuando se tropezó con el espejo en el suelo y casi se cayó. Soobie se dio la vuelta rápidamente para mirar a Pilbeam, que tenía el pelo suelto sobre los hombros.

Antes de poder expresar su sorpresa y lo encantado que estaba, los labios de satén se movieron para dar paso a una voz firme:

—Necesito un cepillo y un peine. Ve a traérmelos antes de que venga mamá.

Soobie se quedó perplejo, mirando a Pilbeam, e incapaz de dar un paso.

—Un cepillo y un peine —repitió ella.

Soobie continuaba con los ojos desorbitados, mudo de asombro.

—¿Cuántas veces voy a tener que decirte, Soobie Mennym, que necesito un cepillo y un peine? Y los necesito ahora, no la semana que viene.

Al percibir el tono de su voz, Soobie gimió.

—¡No, otra no!

Los ojos negros de Pilbeam relampaguearon. Era evidente que contaba con una gran agudeza y un conocimiento innato de las cosas y las personas que iban mucho más allá de lo que sus tutores le habían enseñado. Todo empezaba por fin a encajar. Los bebés humanos tienen en su mundo muchos menos datos innatos que reunir y utilizar, además de mucho más tiempo para hacerlo.

—¡No se te ocurra decir que soy como Appleby! —exclamó irritada—. Yo no me paso el tiempo inventando cosas y fingiendo.

—Me alegra oír eso, Pilbeam —dijo Soobie—; pero podrías intentar ser un poco más amable. Diciendo «por favor», por ejemplo.

—¡Está bien! Tráeme, por favor, un cepillo y un peine. Y no le digas todavía nada a mamá. Quiero darle una sorpresa.

—De eso puedes estar bien segura —dijo Soobie.

—El cepillo y el peine —insistió Pilbeam.

—Tómatelo con calma —dijo Soobie—. Ya voy, ya voy; no seas tan impaciente.

Por el camino, las emociones de Soobie estaban tremendamente mezcladas. Se sentía desbordado por lo que acababa de suceder. Le gustaba. Le emocionaba. Pero eso no le impedía sentirse irritado ante la grosería de su nueva hermana. Y sin embargo —tenía que admitirlo—, si Pilbeam hubiera sido perfecta, considerada y bien educada, no podría decirse que se tratara de uno de los miembros de aquella jaula de locos que era la familia Mennym.

«Y yo supongo que no soy mucho mejor que los demás», pensó Soobie con su franqueza habitual. «Soy demasiado irritable.»

El enfrentamiento

Joshua pasó dos horas hablando muy en serio con su padre. Los martes y los sábados había un empleado a tiempo parcial, un tal Ernie Chubb, que se ocupaba de la seguridad de las propiedades y el local de Sydenham's. Al igual que a Joshua, lo habían despedido y readmitido después.

—Pues qué bien que sea sábado por la noche —masculló Joshua, en un tono que desmentía un tanto sus palabras, porque él hubiera preferido con mucho mantenerse al margen de cualquier crisis familiar, y aquélla parecía especialmente desagradable.

Sir Magnus, que conocía el amor de su hijo por la paz a cualquier precio, alzó sus pobladas cejas.

—Eres su padre —le dijo con severidad—. Sea la noche que sea, tendrías que quedarte aquí de todas formas.

—No, si eso supone perder el empleo —insistió Joshua—. Acuérdate de lo que pasó la última vez.

La última vez, Appleby había escrito una nota sobre su enfermedad imaginaria. ¡Otra vez Appleby! Todo acababa implicando a Appleby.

—¿Qué es más importante? —preguntó sir Magnus de mal humor—. ¿Tu empleo o tu familia?

Joshua se encogió de hombros.

—Al fin y al cabo —dijo—, no se ha causado un gran daño a nadie. Tenemos la casa. No hay ningún Albert Pond. Y Appleby es lo que siempre hemos sabido que era: una soñadora nata.

Sir Magnus pareció exasperarse.

—Hasta ahora nunca habíamos sabido que no fuese sencillamente, por utilizar tus propias palabras, una «soñadora», sino una mentirosa cruel y peligrosa. La quiero probablemente más que tú y me gustaría mucho poder olvidarme del asunto. Pero hay que obligarla a que reconozca y se enfrente a lo que ha hecho, por su propio bien tanto como por el nuestro. Hasta que lo haga, a menos que lo haga, nunca podremos confiar en ella; nunca sabremos qué puede hacer a continuación.

Hablaron y siguieron hablando, comentando y discutiendo. Joshua fingía fumar su pipa y sir Magnus hacía que daba sorbitos a su whisky.

—El mundo es muy extraño —dijo el anciano finalmente—. Fingimos para vivir y vivimos para fingir. Las reglas son tan complicadas que Appleby, simplemente, parece no entenderlas.

A las siete en punto, los gemelos entraron dando saltos en el silencioso dormitorio. Joshua y el abuelo habían agotado todos sus argumentos.

—¿De qué va la reunión, papá? —preguntó Poopie.

Era emocionante que te invitaran a otra reunión. Era la reunión del abuelo, en la habitación del abuelo... pero la idea de preguntarle al cabeza de familia era algo fuera del alcance del atrevimiento de Poopie.

—Espera y verás —fue la insatisfactoria respuesta de Joshua.

Así que Poopie y Wimpey tuvieron que contentarse con sentarse en sus lugares habituales del diván. Wimpey, que no quería verse otra vez superada por la abuela como en la última reunión, se había traído dos grandes agujas de hacer punto y un ovillo de lana roja. Poopie había venido con su soldado de juguete articulado.

Tulip fue la siguiente en llegar, con su costurero entre las manos. Se dirigió hacia el sillón y le dedicó una sonrisa cariñosa a Wimpey. Luego llegó Soobie, seguido de la señorita Quigley, a la que había escoltado amablemente desde el armario. Appleby entró con una expresión alegre y simpática, además de absolutamente inocente. Sólo faltaba Vinetta.

—¿Dónde está tu madre? —preguntó sir Magnus, mirando directamente a Appleby que, al haber sido la última en llegar, tal vez pudiera saberlo.

—¿Y cómo quieres que lo sepa? —le dijo.

El abuelo pareció enfurecerse y apretó el bastón con todas sus fuerzas.

Soobie se sorprendió al ver al abuelo tan molesto con Appleby, sobre todo teniendo en cuenta cuántas veces el anciano había pasado por alto casos de descaro mucho peores de su nieta favorita.

—Creo que mamá está en el desván. ¿Quieres que vaya a recordárselo? —dijo el Mennym azul con cautela, para calmar las aguas.

—No debería necesitar que se lo recordaran —gruñó el abuelo—. ¿Y qué hace metida en el desván, ya que me lo dices?

—Creo que está ordenando unas telas que ha encontrado allí —respondió Soobie, sin mentir, pero forzando un poco la verdad.

En ese mismo instante entró Vinetta.

—No llego tarde, ¿verdad? —dijo, dirigiéndole una sonrisa de disculpa al abuelo—. Tenía que guardar la plancha.

—¿En el desván? —le preguntó entonces su suegro en tono sarcástico.

Vinetta dirigió una mirada de irritación hacia Soobie; pero se limitó a decir:

—No, en la cocina, por supuesto. Pero vamos a empezar ya con la reunión.

Nadie dudaba de que una reunión formal fuese el único modo de enfrentarse al problema. Lo que decretara el abuelo Mennym había de ser aceptado porque había nacido muy viejo y sabio. Todas las miradas se dirigieron a él mientras esperaban a que empezase.

—Esta reunión —dijo en tono solemne— se ha convocado para considerar el comportamiento de mi nieta Appleby.

Appleby abrió la boca de par en par, y adoptó una expresión de asombro y furia simultáneos.

—¿Mi comportamiento? ¿Qué le pasa a mi comportamiento? —dijo en tono airado.

El abuelo carraspeó fuertemente. Era una de sus ficciones más hábiles.

—Lo sabemos todo sobre el supuesto Albert Pond —dijo, con la vista clavada en Appleby—. Sabemos que no existe, que nunca ha existido y que tú, Appleby Mennym, lo has inventado.

—¿Estáis totalmente seguros? —dijo Soobie, mostrando su asombro.

—Pues claro que estamos seguros —dijo el abuelo, agitando la carta de los abogados—. Esto lo demuestra.

Appleby se levantó antes de que sir Magnus pudiera explicárselo todo a los miembros más jóvenes de la familia. Hasta entonces había estado sentada en un taburete bajo que había a los pies de la cama del abuelo.

Appleby les dirigió a todos una mirada de odio.

—No pienso quedarme aquí a escuchar todo eso —gritó, al tiempo que se dirigía hacia la puerta.

Joshua extendió la mano para impedirle el paso.

—¡Déjame salir! —chilló—. No pienso quedarme aquí dentro.

Appleby apartó el brazo de su padre y salió corriendo de la habitación. Oyeron cómo bajaba las escaleras al galope y el portazo de la puerta principal a sus espaldas.

En la habitación del abuelo, situada en la segunda planta, se produjo un silencio que duró varios segundos.

—¡Ya veis adónde llevan las ficciones! —dijo Soobie con amargura.

—¿Voy a buscarla? —preguntó entonces Joshua, en tono de duda.

Appleby lo había apartado de un empujón. Se sentía obligado a seguir a su airada hija, pero no estaba seguro de lo que podría hacer o decir si conseguía alcanzarla.

Fue Poopie el que le respondió. Su pelo amarillo estaba enmarañado y sus ojos redondos chispeaban de indignación.

—Déjala que se vaya —dijo—. Es muy mala. No me importa si no la vuelvo a ver jamás. Appleby es una hermana horrible.

Wimpey pareció asustarse. Quería mucho a su hermana mayor. Más aún: como ella era también una niña, creía que Poopie decía en serio las terribles palabras que había pronunciado, y se vio desbordada por un ataque de temor y preocupación.

—Va a volver, ¿no? No es tan mala; no, de verdad —dijo, casi entre sollozos—. Sólo es traviesa. Yo también soy traviesa a veces. Se confunde un poco, eso es todo. Igual que yo. Yo antes pensaba que en el desván había una bruja y me inventé muchas historias sobre ella hasta que me asusté de verdad, pero nunca se lo conté a nadie. Y una vez escondí los zapatos de Soobie cuando estaba en la cama, esperando a que se le secara la ropa... y lo hice porque pensé que sería gracioso verle buscarlos por todas partes. Por favor, por favor, no digas que Appleby es mala, Poopie. La necesitamos aquí. Es nuestra hermana.

Los adultos dejaron que Wimpey siguiera hablando. Todos parecían preocupados.

La señorita Quigley reunió por fin el valor necesario para decir algo, con la intención de consolar a la preocupada Vinetta.

—Entrará tranquilamente por la puerta de atrás y subirá a su habitación. Es lo de siempre. Será mejor que nadie le haga ningún caso.

Vinetta le dirigió una sonrisa de gratitud.

—Por supuesto que sí. Y creo que todos deberíais dejarme arreglar las cosas más discretamente cuando vuelva. Cuéntales lo de la casa, Magnus. Diles que ahora es nuestra. Creo, además, que Poopie y Wimpey deberían acostarse. Se está haciendo tarde.

—Yo tengo que marcharme también —dijo la señorita Quigley, pensando que volver a la ficción era el único modo de mostrarse útil—. Mi pobre gatito seguramente estará esperando la cena.

Vinetta lo comprendió de inmediato y rodeó con el brazo los hombros de la señorita Quigley.

—¿Va todo bien por la calle Trevethick, querida Hortensia?

—Sí, gracias, Vinetta —respondió la señorita Quigley con coraje—. No tienes que preocuparte por mí. Dios sabe que ya tienes suficientes preocupaciones.

Cuando finalizó la reunión, la señorita Quigley salió por la puerta delantera, tras recoger su paraguas gris del perchero del vestíbulo para abrirlo al salir al umbral.

—Intenta no preocuparte, Vinetta —le dijo con suavidad—. Appleby no se quedará mucho tiempo ahí fuera con esta lluvia. Si la veo, le diré que vuelva rápido a casa.

La señorita Quigley tardó más de una hora en hacer un recorrido que normalmente no le llevaba más de diez minutos. Enfrentándose valientemente a la lluvia y a la oscuridad, se dirigió hasta la verja exterior y miró calle arriba y abajo antes de registrar todo el jardín y tratar, sin mucho éxito, de ver algo a través de la ventana de la caseta.

—De todas formas, la puerta sigue con el candado puesto —se dijo—. No puede estar ahí dentro.

Volvió a la parte delantera de la casa y examinó la calle vacía.

—No puedo hacer nada más —dijo finalmente—. No podrían esperar que lo hiciera.

Así que regresó a su armario, húmeda y desilusionada. Devolver a la oveja descarriada a casa hubiese sido todo un triunfo. Aunque, para ser justos con la señorita Quigley, había que decir que sus motivos no eran tan simples. También estaba auténticamente preocupada por Appleby y sentía en el alma la ansiedad que Vinetta debía de estar experimentando.

Vinetta y Pilbeam

Antes de la reunión, Vinetta había estado, cómo no, en el desván.

Después de llevarle a Pilbeam el cepillo y el peine que tanto deseaba, Soobie había bajado presuroso a buscar a su madre. Vinetta, afortunadamente, se encontraba sola en la sala de estar, ocupada con un plumero y un pulverizador en abrillantar el mobiliario. Estaba poniendo un empeño extraordinario e innecesario en aquella tarea, por la sencilla razón de que estaba molesta y furiosa. El objeto de sus iras estaba sentado en su propia habitación, dos pisos más arriba, oyendo música pop y pegando fotos en su álbum.

—Mamá... mamá —dijo Soobie, interrumpiendo sus reflexiones y sobresaltándola—, ha ocurrido algo muy agradable.

—Eso supondría todo un cambio —dijo Vinetta en tono cortante.

Soobie sabía que a su madre no le gustaban nada las sorpresas, razón por la que le contó la noticia como si fuera algo casi normal. Pilbeam, le contó a Vinetta, había empezado a hablar, y se movía por el desván mejor que nunca. Había abierto la puerta y encendido la luz ella sola. Soobie no mencionó la mala educación recién estrenada de su hermana ni le contó tampoco que se había desecho de sus trenzas. Guardó silencio sobre todo ello, para que Pilbeam pudiera «sorprender» a Vinetta de un modo menos dramático.

—Subiré ahora a verla —dijo Vinetta, observando el reloj de madera que había sobre la chimenea—. La reunión no empezará hasta dentro de dos horas.

—¿Quieres que vaya contigo? —preguntó Soobie.

—No —dijo su madre—. Preferiría ir yo sola. Si no bajo a tiempo, lo que sí te pediría es que llamaras al armario y acompañases a la señorita Quigley a la reunión. Creo que a ella le gustaría.

Era una petición poco usual, y Soobie, que no sabía nada sobre la decisión de la visitante de abandonar la calle Trevethick, se quedó perplejo. Sin embargo, dado su carácter, no hizo ninguna pregunta y prometió hacer lo que le había pedido su madre.

Vinetta guardó el abrillantador y el plumero y subió al desván directamente. Al pasar ante la habitación del abuelo, le oyó enfrascado en una conversación con su marido. Incluso en aquellas circunstancias tan difíciles, Vinetta se sintió complacida, porque no era frecuente que aquellos dos hombres hablaran en serio. Vinetta subió muy sigilosamente el último tramo de escaleras para no molestarlos.

La puerta del desván estaba entreabierta. Dentro, Pilbeam balanceaba su mecedora con un movimiento rítmico, dándole patadas al escabel cada vez con un pie. También estaba cantando:

«Uno, dos, el cielo es azul mar;
tres, cuatro, cinco, estoy viva;
seis, siete, la vida es una maravilla;
ocho, nueve, diez, y vuelta a empezar.»

Y eso precisamente fue lo que hizo:

«Uno, dos, el cielo es azul mar;
tres, cuatro, cinco...»

—Hola, Pilbeam —la interrumpió Vinetta—. Cada vez lo haces mejor.

Pilbeam dejó de mecerse y de cantar, para dirigirle una mirada de ira a Vinetta. Aquellos ojos de botón negro estaban bien adaptados para las miradas furiosas.

—Quien te lo ha contado no se llevará ninguna medalla —afirmó con enfado—. Te hubieras quedado mucho más sorprendida si no te lo hubiera dicho… y le pedí claramente que no te contara nada. ¡Espera a que vuelva a subir! ¡Menudo amigo!

Con un gesto parecido al que hacía su abuelo, a quien todavía no conocía, le dio con el pie izquierdo una pequeña patada a un cojín redondo, que salió rodando por el desván.

Vinetta reconoció de inmediato aquella muestra de ira adolescente. Desde luego, cuarenta años de experiencia con Appleby eran suficientes para convertir en especialista a cualquiera.

—Todo eso no viene a cuento —le dijo secamente—. Es verdad que Soobie me ha dicho que ya podías hablar; pero no me ha contado lo descarada que eres, porque, si no, te aseguro que no habría venido.

Pero Pilbeam no era Appleby. Ella había nacido sabiendo pedir perdón y sabiendo avergonzarse de sus arrebatos de mal humor.

—Lo siento —dijo, con una voz que parecía confirmarlo—, pero quería sorprenderte y que te quedaras encantada, y Soobie lo ha estropeado todo.

—Estoy encantada —dijo Vinetta con una sonrisa— y un poco sorprendida también. Me gusta cómo te has dejado el pelo. Soobie no me lo había mencionado. Estás mucho mejor que con trenzas.

—¿De verdad lo crees? —preguntó Pilbeam con ansiedad, echándose una mirada en el espejo.

—Sí, tienes un pelo precioso.

—Pero Appleby es pelirroja. Tú misma me lo has dicho. Y es bonita. ¿Tiene también el pelo más bonito que el mío?

—No —dijo Vinetta, acariciándole el pelo negro con ternura—. Las dos tenéis un pelo precioso, y sería incapaz de elegir a la más bonita. Sin embargo, la vida no es ningún concurso de belleza, aunque en algún momento te lo pueda parecer por las revistas que lees.

Después, se sentaron juntas: Vinetta en la mecedora y Pilbeam en el escabel, cada una adaptada a su papel en la conversación. Vinetta era la que contaba todas las novedades, hasta el engaño traidor de Appleby y la reunión que iba a tener lugar esa misma tarde para obligarla a reconocer sus culpas. Pilbeam hacía pregunta tras pregunta.

—Podrías bajar tú también a conocerlos a todos —sugirió Vinetta.

—No —dijo Pilbeam, cerrándose como una almeja, hasta el punto de que las costuras de satén de sus labios rosados empezaron a parecer irreales.

Vinetta comenzó a sentirse ansiosa.

—No quiero que te quedes toda la vida en el desván y que no conozcas a nadie. Tener a la señorita Quigley metida en el armario ya es más que suficiente. Hay una habitación vacía y muy bonita en el piso de abajo, junto a la de Appleby.

—No —volvió a decir Pilbeam.

Acto seguido, los labios de satén se cerraron con tanta firmeza que Vinetta temió que aquélla pudiera ser la última palabra que Pilbeam pronunciara en toda su vida. Sin embargo, tuvo buen cuidado para no transmitirle sus propios miedos a su nueva hija.

—¿Es que es lo único que sabes decir? —dijo, en tono burlón y aparentando toda la alegría de la que fue capaz—. Creía que ahora que habías aprendido a hablar le habrías pillado el gusto. Creía que te ibas a convertir en una verdadera parlanchina. Venga, ¿y ahora qué pasa?

Pilbeam se aplacó un poco.

—No estoy aún preparada —dijo—. Además, no quiero bajar hasta que se arreglen los problemas con Appleby. ¿Qué pensaría si apareciese el mismo día en el que todos os ponéis contra ella y la obligáis a reconocer todas sus maldades? Se mire como se mire, llevo cuarenta años esperando para convertirme en una de los vuestros, o eso es lo que tú me has contado. Un par de días más, incluso una semana o dos, no tienen mayor importancia. Ahora estoy leyendo *Casa desolada*, un libro de Dickens. Y te puedo asegurar que el tiempo pasa deprisa.

—Seguramente tienes razón —dijo Vinetta con un suspiro, mientras pensaba con un peso en el corazón en la confrontación venidera.

En ese momento, consultó el reloj.

—¡Dios mío! —exclamó—. ¡Qué tarde es! ¡Voy a llegar con retraso a la reunión!

El domingo por la mañana

Vinetta no pegó ojo en toda la noche del sábado. Se quedó tendida a oscuras, con la puerta del dormitorio entreabierta y esforzándose en oír el más mínimo ruido. Creía que la señorita Quigley tenía razón. Debían dejar que Appleby volviera a casa a escondidas y se metiera en su habitación sin que nadie se diese cuenta. Pero su madre necesitaba con todas sus fuerzas saber que estaba en casa y que estaba a salvo. Por eso, se quedó escuchando despierta.

Y la verdad es que oyó muchos ruidos. De noche, las casas crujen y gimen, y dejan escapar roces de vez en cuando. Los que dormían daban vueltas en la cama, pero desde medianoche hasta el amanecer no se abrió ni una sola puerta, no se oyeron pasos en las escaleras. Como de costumbre, la escalera y el vestíbulo estaban débilmente iluminados. La oscuridad no era absoluta, sino relativa. Pero ninguna sombra atravesó el rayo de luz que se filtraba por la estrecha ranura de la puerta entreabierta.

En cuanto las cortinas dejaron pasar la primerísima y más pálida luz del día, Vinetta se levantó en silencio, dejando a Joshua felizmente dormido, como si no pasara nada. Subió el corto tramo de escaleras que daba a la habitación de Appleby y abrió la puerta suavemente. La cama seguía hecha y ordenada: nadie había dormido allí. En el suelo, Vinetta pudo distinguir la caja de zapatos llena de fotos y el álbum abierto. Debido a la fuerza de la costumbre, Vinetta siempre se dedicaba a ordenar lo que los demás dejaban tirado. Tomó el álbum y lo cerró con cuidado, para después guardarlo junto a la caja, en el escritorio que había al lado de la ventana. Una vez hecho esto, se sentó en la cama vacía y sollozó.

—A lo mejor necesita más tiempo —dijo la voz de Soobie.

Vinetta se sobresaltó, levantó la vista y vio la silueta de su hijo en el umbral. Con la luz del vestíbulo a sus espaldas, parecía alto y fuerte.

—¿Por qué lo ha hecho, Soobie? ¿Por qué?

—¿Escaparse? —preguntó, no muy seguro de lo que le preguntaban—. Creo que se ha escapado porque es tan orgullosa que no puede admitir todas sus mentiras. Es una persona muy orgullosa. Para ella sería demasiado difícil reconocer lo que ha hecho y pedir perdón por algo tan terrible. Y Appleby lo sabe perfectamente.

—No me refería a eso —dijo su madre—. ¿Por qué contó todas esas mentiras? ¿Por qué escribió esas cartas y se inventó las historias de Albert Pond? Aún me resulta increíble pensar que no existe. Casi desearía que existiese.

Soobie entró en la habitación a oscuras y se sentó en la silla de mimbre de Appleby.

—No lo sé —dijo—. Supongo que nunca lo sabremos. A lo mejor estaba harta de tantas sombras, como la dama de Shalott, de Tennyson, que vivía en una prisión encantada. A lo mejor está harta de celebrar su quince cumpleaños una y otra vez. Puede que sea su manera de rebelarse contra su naturaleza de muñeca de trapo.

—No entiendo por qué iba a querer rebelarse. Le damos todo lo que quiere. Siempre se sale con la suya, y yo le doy más margen que a los demás por su inmadurez.

El rostro azul de Soobie no se veía bien a la cruda luz del amanecer, pero había adoptado un aspecto de furia controlada.

—Eso a lo mejor no le gusta —dijo en el tono más neutral que pudo—. Después de cuarenta años, quizá hubiera preferido que la consideraran madura.

—Entonces, que se comporte con madurez —respondió Vinetta en tono firme, tras percibir perfectamente la doble intención de las palabras de su hijo.

—¿Pero es que no lo entiendes? —preguntó Soobie con más suavidad—. Ése es precisamente el problema, mamá. Es que no puede. Estamos atrapados en nuestra propia red del tiempo. Appleby nunca podrá ser más que una adolescente.

Cada vez había más luz. Desde la habitación de abajo, la de Poopie, se oyó ruido de movimientos. Vinetta hizo una pausa para escuchar antes de responder.

—Tú sólo tienes un año más que ella, Soobie, y eres perfectamente maduro. Hasta tu abuelo dice que tienes una cabeza de persona mayor en un cuerpo de muchacho. ¿Por qué no puede ser Appleby un poco más como tú?

—Podría decir que yo soy distinto, pero eso no sería justo. Todo el mundo es distinto de todo el mundo. Kate debe de haber tenido sus propias razones para darme una cara azul; pero aquí estoy, el Mennym azul que piensa más de la cuenta. A mi manera, no soy más maduro que Appleby, porque aún no me he reconciliado con mi destino. Y creo que nunca me reconciliaré.

Justo en ese momento, entró Poopie y se sentó junto a su madre, en la cama de Appleby. Aún seguía vestido con el pijama de rayas rojas. Llevaba el pelo más enmarañado que nunca y parecía mucho más joven de lo que sus diez años de edad podían sugerir. Se acurrucó junto a Vinetta buscando consuelo ante aquella situación extraña. Él estaba sufriendo terriblemente por todo lo que suponía ese problema familiar.

Unos instantes después, entró Wimpey, aún en camisón y con la muñeca de acento raro que le habían regalado en Navidad.

—¿Quieres una chocolatina? —preguntó la muñeca.

Poopie, que tenía la escasa memoria propia de la infancia, se rió, pero sólo para adoptar de inmediato una expresión de culpabilidad. Vinetta lanzó un suspiro al recordar las palabras que Appleby había canturreado en tono burlón a finales de diciembre.

Al oír el ruido, Tulip entró procedente de su propia habitación, y comentó en tono animado:

—¿Esto es una fiesta privada o está abierta para cualquiera?

Vinetta le dirigió una tímida sonrisa y se levantó de la cama. Sabía lo que Tulip había querido decir, y también que tenía razón. Las reuniones en la habitación de Appleby sólo podían traer lágrimas y lamentaciones, algo que no le iba a hacer bien a nadie.

—Volved a vuestras habitaciones, niños —ordenó—. Es demasiado pronto para estar fuera de la cama.

—¿Dónde está Appleby, mamá? —preguntó Wimpey—. He venido a buscarla. La señorita Quigley dijo que vendría a casa.

—No sé dónde está —respondió Vinetta con un suspiro—. Ojalá lo supiera.

La luz brillaba ya con fuerza y, afortunadamente, la lluvia de la noche anterior había cesado.

—Probablemente vuelva hoy mismo —dijo Soobie, con el mayor tono de esperanza de que fue capaz, aunque en absoluto convencido de sus propias palabras—. Por lo menos ha dejado de llover.

El domingo por la noche

No fue un domingo normal. Se puso fin a todas las ficciones. No se reunieron alrededor del mantel blanco para disfrutar de la ilusión de una comida dominical. En la mesa hubiera habido un espacio vacío, y nadie lo hubiese soportado.

Acostado en su habitación, el abuelo Magnus no tenía los periódicos del domingo porque Appleby no había ido a buscárselos. Delante de él, en el escritorio portátil, había una hoja de papel en blanco. Sir Magnus era incapaz de pensar en qué escribir.

—¿Quieres que te traiga algo? —le preguntó Tulip tres o cuatro veces en el espacio de media hora.

—No —respondió una y otra vez Magnus con aire ausente—. No, gracias.

Tulip dirigió su atención al resto del dormitorio. Abrió las cortinas un poco más, ajustó el tapete de encaje que había sobre la cómoda, corrió su propio sillón ligeramente hacia la izquierda y acercó un poco más el diván a la puerta.

Magnus la observaba cada vez más irritado; pero cuando por fin habló, la voz que le salió sonaba vieja y cansada: no se trataba del rugido irascible con el que normalmente daba salida a su irritación. Hasta el pie izquierdo siguió colgando inerte.

—Déjalo estar, Tulip —le dijo—. Para ya de mover los muebles.

—Ojalá volviera —dijo Tulip, yendo derecha al grano—. Ninguno vamos a poder hacer nada a derechas hasta que vuelva.

El armario de la señorita Quigley, en el vestíbulo, era alto y estrecho, y se encontraba vacío, a excepción de la silla de caña en la que ella se sentaba y dormía. Estaba debajo de las escaleras, cerca del armario, mucho más pequeño y con forma de cuña, en el que se hallaban los contadores. En alguna fase de la historia de la casa, los dos armarios fueron probablemente uno solo. ¿Cuál de los dos se haría pensando en el otro: el armario para la señorita Quigley, o la señorita Quigley para el armario?

Aquel domingo, la señorita Quigley estaba sentada en su silla de caña de respaldo recto; pero no se encontraba dormida. Por el contrario, tenía la oreja pegada a la parte más fina del panel de la puerta y escuchaba con atención.

Y oyó a Poopie y a Wimpey, que pasaron la mayor parte del día sentados en el último escalón, a la vista de la puerta delantera.

—A lo mejor viene por la puerta trasera —dijo Wimpey en un momento dado.

—Si lo hace, tendrá que pasar de todos modos por aquí para subir las escaleras, estúpida —dijo Poopie.

Su soldado articulado colgaba de una cuerda muy larga atada a la barandilla del piso superior. Por su parte, Wimpey se había traído sus labores. De hecho, la «cuerda» era una hebra de la lana roja de Wimpey. Poopie la había convencido para que se la diese explicándole que Héctor, el soldado, la necesitaba para escalar una montaña. Dejar las ficciones por completo era algo imposible para los miembros más jóvenes de la familia.

Joshua, Vinetta y Soobie pasaron la mayor parte del día en la sala de estar. Para Soobie, aquél era su lugar natural. Aunque no hubiese estado con los ojos puestos en la posible vuelta de Appleby, se habría dedicado igualmente a mirar el mundo por la ventana. No es que hubiera mucho mundo que ver. La lluvia había cesado de momento, pero el cielo estaba cubierto y hacía un aire cortante. Aunque se encontraban justo a principios de octubre, se podría haber creído fácilmente, sin embargo, que se trataba de uno de esos días fríos de diciembre.

Vinetta estaba cosiendo. Joshua estaba sentado inmóvil, con la mirada perdida. Había echado de menos su comida y su té ficticios, y añoraba el consuelo de la pipa mientras fingía fumar. Joshua tenía muy poca imaginación y sus ficciones eran limitadas, pero muy duraderas.

—Tengo que prepararme para el trabajo —dijo finalmente, aliviado al ver que el reloj de la chimenea le guiñaba un ojo.

—No dirás en serio que vas a ir a trabajar —dijo Vinetta en tono de enfado—. ¿No te irás a marchar mientras nos falte Appleby?

Joshua se sintió avergonzado, pero decidió mantenerse en sus trece.

—Sentado aquí no hago nada útil —insistió—. Además, a lo mejor la veo por alguna de esas calles. Iré con los ojos bien abiertos; de eso puedes estar segura.

—Y si te la encuentras —dijo Vinetta de malhumor—, ¿qué le dirás? ¿Que no puedes detenerte para no llegar tarde al trabajo? ¿Le pedirás amablemente que vuelva a casa por su cuenta?

Era el turno de Joshua para enfadarse.

—Por supuesto que no. ¿Qué te has creído que soy? Si la veo, estaré encantado de traerla a casa, con trabajo o sin él.

Vinetta tuvo que darse por satisfecha con aquella respuesta.

Se hizo de noche. Tulip corrió las cortinas del gran dormitorio y encendió la luz. Sir Magnus se sobresaltó al ver interrumpidas sus reflexiones, surgidas en la penumbra. Miró atentamente a Tulip durante unos instantes. Su esposa había permanecido a su lado prácticamente el día entero: las labores, las cuentas y todos los asuntos que resolvía en el comedor pequeño habían quedado aplazados. En cuanto a si trataba de ofrecer su apoyo o buscaba consuelo, eso era algo que su marido no sabía... probablemente, un poco de las dos cosas.

De repente, sir Magnus comprendió cuál era su deber. Por vez primera en cuarenta años, se giró en la cama y puso sus dos pies púrpuras sobre el suelo.

—¿Pero qué vas a hacer? —preguntó Tulip asustada.

—Voy a buscar a mi nieta. A nadie parece preocuparle —respondió con decisión.

Sir Magnus empuñó su bastón y se puso en pie. A continuación, dio unos pasos con mucha rigidez, pero manteniéndose admirablemente tieso, hasta llegar al armario ropero. En cuarenta años, nunca se había puesto, ni visto siquiera, su uniforme de la Marina. Aquella puerta del ropero nunca se había abierto. Pero sir Magnus había nacido sabiendo lo que había en su interior.

—Estira la colcha —le ordenó a Tulip.

Ella le obedeció al instante, aunque aún no sabía qué había planeado su marido.

Sacó del ropero su uniforme blanco con los galones dorados y las charreteras con borlas, para a continuación extenderlo sobre la cama.

—Y ahora, déjame —dijo.

Obedientemente, Tulip se marchó a la pequeña habitación de al lado.

Sir Magnus llevaba uno de sus muchos camisones. Normalmente se los cambiaba al menos dos veces a la semana. Aquel camisón en concreto tenía anchas rayas grises y amarillas, y le llegaba hasta la mitad de las pantorrillas; por lo que lo único que se podía ver de su persona era un par de pies púrpuras.

Con no poco esfuerzo, Magnus se puso los refulgentes pantalones blancos del uniforme con los tirantes colgando. A continuación, se quitó el camisón y se puso la camisa de vestir, abrochándose los botones y ajustándose la corbata como si lo llevara haciendo toda la vida. Se podía percibir incluso un toque profesional en el modo en que puso los tirantes en su sitio. Acto seguido, les tocó el turno a los zapatos y, finalmente, a la chaqueta.

—Ya puedes entrar —le dijo a Tulip.

Magnus se puso la gorra de plato y se la caló hasta casi cubrir aquellos ojos de botón negro.

El espectáculo dejó a Tulip sin respiración.

—Ya estoy listo —dijo Magnus—. Voy a salir ahí fuera —e hizo un gesto hacia la ventana con los aires de un gran explorador— para buscar y encontrar a Appleby.

—No puedes andar por la calle con ese aspecto —exclamó Tulip aterrorizada.

—¿Y se puede saber qué tiene de malo mi aspecto, mi buena señora?

Sir Magnus se contempló entonces con orgullo en el largo espejo del ropero.

—Estás maravilloso, Magnus —dijo su esposa—. Es sólo que todo el mundo se te va a quedar mirando. Si fueras de carne y hueso y fueses vestido así, todos te mirarían asombrados. Sería peligroso. Estás demasiado... —y buscó la palabra exacta—... demasiado llamativo.

Sir Magnus se sentó pesadamente en la cama. Esta ba agotado. Al fin y al cabo, no era joven, y sus hábitos sedentarios no le habían preparado para ejercicios agotadores.

—A lo mejor tienes razón —dijo, jadeando un poco.

—La tengo —replicó Tulip con firmeza.

—Déjame solo —volvió a decirle, mientras temblaba su bigote blanco.

Cuando, media hora más tarde le dijo a Tulip que podía volver, Sir Magnus estaba ya en la cama, cubierto con su camisón a rayas grises y amarillas, con un pie púrpura colgando desconsolado debajo de la colcha. El uniforme ya no estaba a la vista.

***

Mientras tanto, Soobie había apreciado que la oscuridad se arrastraba por el césped delantero y las gotas de lluvia comenzaban a agolparse en los cristales. Joshua había ido a trabajar, pero Vinetta seguía sentada con el costurero en el regazo. Ya no estaba cosiendo, sino que se había quedado allí, balanceándose ligeramente, y con todo el aspecto de sentirse enormemente desgraciada. Soobie se levantó y, sin pronunciar palabra, abandonó la habitación. Vinetta casi ni se dio cuenta de que había salido.

Soobie se dirigió al pequeño guardarropa del rincón de al lado de la puerta delantera. Lo primero que encontró fueron un par de botas de agua azules. Tras una búsqueda un poco más prolongada, dio con el abrigo azul oscuro y con capucha que Vinetta le había comprado hacía treinta años. Jamás se lo había puesto. Soobie jamás había salido de casa. Nunca había tenido intención de hacerlo. Pero ahora, por amor a su madre, tenía una tarea que lo obligaba a salir a la calle. No sabía cómo lo iba a hacer, pero sabía que sólo lo descubriría intentándolo.

—¿Adónde vas? —preguntó Vinetta asombrada, cuando Soobie volvió a la sala de estar con un enorme paraguas en la mano.

—He venido a decirte que dejes de preocuparte. Voy a salir a buscar a Appleby —dijo, para luego corregirse—. No, no es eso. Encontraré a Appleby y la devolveré a casa.

Al ver la mirada de determinación de su hijo, Vinetta se sintió dividida entre la confianza de que podría hacer lo que decía y el temor de que nunca había abandonado la seguridad del hogar. Su expresión traicionaba su evidente ansiedad.

—No vayas muy lejos —le dijo—, y no estés fuera mucho tiempo.

—No te preocupes —le dijo Soobie con una sonrisa burlona—. Soy el Mennym sensato y responsable. Te llamaré varias veces para decirte dónde he estado; es decir, si es que no la encuentro durante las primeras dos horas o así. Pero, suceda lo que suceda, seguiré buscando hasta que la encuentre. No debe de estar muy lejos.

Vinetta lo acompañó hasta la puerta delantera. La calle estaba oscura y desierta.

—Cuídate, Soobie —le dijo en tono de ansiedad—. ¿Estás seguro de que todo irá bien?

—Sí —respondió su hijo—. Me cuidaré. Estaré bien. No te preocupes por mí.

Soobie abrió el paraguas y se perdió bajo la tormenta de la noche.

El lunes por la mañana

Soobie tenía un carácter muy tranquilo. Cuando salió por la puerta principal por primera vez en su vida no sintió temor ni emoción alguna. Tenía dieciséis años. Aquélla era su ciudad natal y la memoria misteriosa con la que había sido dotado le hizo ser inmediatamente consciente de que conocía aquel lugar como la palma de su mano. Gira a la derecha, y llegarás a High Street y a las tiendas. Gira a la izquierda, y pasarás junto a tres iglesias de distintas religiones, antes de encontrarte con un parque público.

Soobie giró a la derecha. Casi podía imaginarse a Appleby mirando los escaparates o protegiéndose de la lluvia en la puerta de alguna tienda. Los comercios estaban todos cerrados porque era domingo. Hasta el bingo había bajado las persianas porque ya era muy tarde. En el extremo de la calle, el dueño del pub El Cisne Negro estaba echando el cierre, pues sus últimos clientes se habían marchado hacía diez minutos. En las calles mojadas había unos cuantos coches, pero no muchos peatones.

El primer ser vivo que vio Soobie de cerca, acurrucado en la puerta de una tienda, tal como se imaginaba que estaría Appleby, fue una mujer muy vieja que estaba sentada en una repisa de azulejos que sobresalía del escaparate. Parecía llevar varias prendas, una encima de la otra. Tenía el sombrero atado con un pañuelo. Llevaba botas de hombre y unas medias muy gruesas. A ambos lados, tenía bolsas muy grandes, cargadas hasta arriba de Dios sabe qué; tal vez de todos sus bienes terrenales. Soobie la escudriñó con cautela protegiéndose bajo su paraguas. Tenía la capucha bien calada, y la anciana sólo vio el paraguas y sonrió, mostrando una boca llena de dientes rotos.

Soobie siguió avanzando rápidamente. Hacia el final de la calle, en una acera que se encontraba frente a un pub, vio un grupo de adolescentes reunidos bajo un arco. El prudente Mennym azul cruzó la calle antes de convertirse en objeto de su interés. Soobie era capaz de presentir su hostilidad potencial.

Cada vez llovía más. El agua caía ruidosamente sobre su paraguas, y salía rebotada de los charcos de la acera y le mojaba los bajos del abrigo. El tiempo seguía pasando, pero Soobie continuó su camino, siempre cerca de los escaparates.

En el rincón de un callejón descubrió una cabina telefónica. Dado que tenía dieciséis años, sabía perfectamente cómo funcionaba. Si se hubiera preguntado cómo lo sabía, la confusión habría sido insoportable. Tenía que aceptar que había muchas cosas que había nacido sabiendo, pero los hábitos adquiridos durante cuarenta años hacían que asumirlo no fuese difícil. Además, como era previsor por naturaleza, había salido con un poco de dinero.

—Hola, mamá —dijo, en cuanto obtuvo la conexión—. Estoy en una cabina justo al lado de High Street. Son las dos. Sólo llamaba para que no te preocupases por mí. No he dado con ninguna huella de Appleby, pero voy a seguir buscando.

—¿Estás muy mojado? —le preguntó su madre con ansiedad.

—No demasiado —replicó Soobie—. Las botas son impermeables, ya sabes, y el paraguas se cuida del resto.

No quiso mencionar los regueros de agua que le recorrían el cuerpo y le empapaban los brazos hasta los codos y la parte delantera del cuello, colándose por donde se abrochaba el abrigo. Además, la capucha tampoco encajaba a la perfección.

—Intenta dormir un poco, mamá. No volveré a llamar hasta las cuatro, a menos que tenga alguna noticia más concreta.

Soobie continuó buscando, recorriendo de arriba abajo una calle tras otra, deteniéndose, escudriñando, casi obligando mentalmente a que su hermana apareciera. Una de aquellas calles le pareció realmente prometedora. Estaba llena de tiendas especializadas de ropa, y las prendas de los escaparates parecían muy del estilo de Appleby. Pero aparte de un gatito negro que maullaba en una puerta, la calle se encontraba desierta.

En una ocasión, creyó ver realmente a su hermana al final de una calle. La recorrió a toda prisa. Afortunadamente, la chica estaba quieta, protegiéndose bajo el alero de una tienda. En caso contrario, y dado lo rechoncho y lento que era Soobie, nunca hubiera podido acercarse lo suficiente para asegurarse de que no era más que otra adolescente humana. A distancia, se parecía sorprendentemente a Appleby. Soobie creía que sólo su hermana huida estaría en la calle en plena madrugada, pero tras haber visto unos cuantos niños más perdidos o sin hogar, se dio cuenta de que Appleby no era la única joven que pasaba la noche lejos de casa. El resto, gracias a Dios, no era de su incumbencia.

—Hola, madre —dijo, cuando volvió a la misma cabina—. Son ya las cuatro y media. He registrado el centro de la ciudad de cabo a rabo. Estaba convencido de que estaría por aquí, pero no es así.

—Vuelve a casa entonces —dijo Vinetta—. Vuelve directamente a casa y sécate. No me puedo creer que te las hayas arreglado para seguir seco con este tiempo, por muy bueno que sea tu paraguas.

—No estoy demasiado mojado —dijo Soobie temblando—, sólo un poquito incómodo. Si me siento demasiado mal, volveré a casa, pero hay una calle que pasa por el mercadillo y llega hasta el río en la que me gustaría echar un vistazo. Ya sabes lo mucho que le gusta el mercadillo a Appleby.

El lugar estaba desierto. Había raíles de hierro que señalaban los lugares ocupados por los tenderetes los días de mercado y que ahora estaban cubiertos de basura mojada. Había cartones de comida, periódicos viejos y bolsas de plástico que aguardaban a que alguien los recogiera a primera hora de la mañana. Todo aquel lugar tenía un aire triste y sórdido, sin señales de vida. Appleby no estaba allí. Ni siquera había algún gato o perro perdidos que salieran a pasear en una noche como aquélla.

Aunque sin muchas esperanzas, Soobie aún insistió bajando por la escarpada calle empedrada que llevaba al río. Los edificios, altos y grises, a ambos lados, estaban mayoritariamente a oscuras. Las farolas, de modelos anticuados, arrojaban charcos de luz apenas visibles, de tal modo que entre una y la siguiente se producía una zona de penumbras.

Por primera vez, Soobie tuvo miedo. No era miedo de nada externo ni racional. Era un miedo incrustado en el espíritu, el gran ser interior que los Mennym, quién sabe cómo, compartían con la humanidad.

«No soy nadie», pensó, «y no voy a ninguna parte. Tal vez Appleby haya dejado de existir. El resto de los Mennym puede haber dejado de existir, y en este mismo instante cabe la posibilidad de que me haya quedado solo en el mundo.»

No era una ficción. Soobie estaba tratando de asumir una realidad espantosa. Siguió avanzando hacia el río, llegó a la vista del gran puente levadizo que lo atravesaba, y se detuvo en el centro de una calle miserable y desierta para poder pensar.

En ese momento sonó una sirena en la niebla, melancólica y solemne.

Pero para Soobie fue como si los dedos del hipnotizador hubieran chasqueado para despertarlo de un trance. Con mucho cuidado, dobló su miedo y lo guardó en el rincón más apartado de su cerebro.

—Voy a encontrar a Appleby —se dijo en voz alta—, por difícil que sea o por mucho tiempo que tarde.

De repente se dio cuenta de que la noche estaba llegando a su fin. Una búsqueda a plena luz del día sería imposible para un Mennym azul, por muy bien que se ocultara tras aquella capucha que no acababa de encajar bien. Y lo que era peor, el paraguas pronto resultaría extremadamente visible, porque la lluvia estaba amainando.

—Voy hacia casa, mamá —dijo Soobie, cuando volvió a la cabina—. Pronto habrá demasiada luz para que pueda seguir andando por la calle. Si no vuelve hoy tampoco, lo intentaré de nuevo en cuanto oscurezca.

Cuando Soobie llegó a casa, Tulip y Vinetta lo estaban aguardando en la puerta, y le hicieron tantos mimos como si él también se hubiera perdido durante varios días. Tomaron su paraguas y lo pusieron a secar en la pila del guardarropa. Soobie se secó los pies en la esterilla de la entrada, pero luego lo llevaron a la sala de estar antes de que se pudiera quitar el abrigo.

Vinetta le desabrochó los botones y Tulip tiró de las mangas, como si no fuera mayor que Poopie.

—Está muy húmedo —dijo su abuela, apretando el abrigo con los dedos—. Estábamos seguras de que vendrías así. Te lo pondré a secar.

Vinetta lo obligó a sentarse en su silla de siempre y le quitó las botas azules. La estufa de gas estaba a su máxima potencia.

—Quédate ahí hasta que estés seco como es debido —le ordenó—, y luego te irás a tu habitación y te acostarás. No deberías haber estado tanto tiempo fuera.

Media hora después llegó Joshua. Se quitó el abrigo húmedo en el vestíbulo, puso su paraguas junto al de Soobie, en la pila, y se cambió las botas de lluvia por unos zapatos cómodos para andar por casa. Nadie lo ayudó. Pero al fin y al cabo, él sólo había ido a trabajar. No había estado toda la noche buscando a su hija.

—¿Hay alguna novedad? —le preguntó a Soobie, al tiempo que se sentaba ante el fuego de la sala de estar.

Soobie no le respondió. Se había quedado profundamente dormido.

El lunes por la tarde

La abuela Tulip estaba en el comedor pequeño tratando de acabar una labor de costura bastante complicada. Había decidido que si se concentraba en aquel problema, Appleby volvería a casa en cuanto acabara. Era pura y simplemente una superstición para consolarse, igual que no pisar las grietas de la acera; pero era también un modo de apartar de la mente aquella pena insoportable.

Vinetta apareció a mediodía. Llevaba su abrigo verde oscuro con el cuello de terciopelo vuelto hacia arriba. Su sombrero de piel marrón y las gafas de cristal azulado completaban su tapadera ante el mundo exterior.

—Voy a salir —dijo—. Volveré a las cinco. ¿Podrías echarles un ojo a los gemelos? No los dejes que molesten ni a Soobie ni a Joshua. Los dos están acostados.

Tulip dejó su costura a un lado y miró fijamente a Vinetta.

—Será como buscar una aguja en un pajar —le dijo—. Estás perdiendo el tiempo y gastando las energías.

—Tengo que hacer unas compras —respondió Vinetta a la defensiva—, quiero buscarle unos guantes nuevos a Soobie.

—¿Y desde cuándo tardas cinco horas en hacer las compras? Venga, Vinetta, reconócelo. Vas a buscar a Appleby por toda la ciudad. No te culpo, pero creo que se trata de un esfuerzo valdío. Volverá ella sola cuando esté preparada para hacerlo.

—Voy a recorrer la ciudad entera —dijo Vinetta con decisión—, pero no con la esperanza de encontrarla, sino para que me pueda ver pasar junto a su escondite, dondequiera que esté, y pueda así darle la oportunidad de salir sin que sienta que ha perdido la batalla. Estoy intentando dar el primer paso y encontrármela a medio camino, dondequiera que esté el medio camino.

Tulip recogió su costura.

—Vete, pues —le dijo—. Me llevaré la labor a la sala de estar hasta que vuelvas; pero, por lo que más quieras, no te hagas muchas ilusiones. Si no quiere que la encuentren, nadie lo hará.

Y no quería, y no la encontraron. A las cinco en punto, Vinetta volvió a casa, fatigada y derrotada. Poopie y Wimpey fueron a buscarla a la puerta.

—Hemos sido muy buenos —dijo Wimpey—. La abuela ha jugado a las cartas con nosotros y luego, cuando dieron las cuatro y media, nos pusimos todos en la ventana para verte venir.

—Yo te he visto primero —afirmó Poopie.

—De eso nada —dijo Wimpey—; te hemos visto todos al mismo tiempo.

—Dejad de discutir. ¿Es que no os dais cuenta de que vuestra madre está muy cansada? —les dijo Tulip a los niños en tono firme, contemplando el rostro apenado de su nuera.

Vinetta se quitó la ropa de calle y fue a sentarse junto al fuego de la sala de estar. Tulip se retiró agradecida al comedor pequeño. ¡Conseguir que los gemelos estuvieran callados no era nada fácil! A estas alturas, Vinetta estaba demasiado cansada para intentarlo; afortunadamente, Poopie y Wimpey decidieron marcharse cada uno por su lado: sin lugar a dudas, estaban mucho mejor separados.

Poopie se fue a su habitación y comenzó a construir un campo de batalla completo, con su torre, su senda selvática y su puente de troncos, para su soldado articulado. Poopie había reunido buena parte de su equipo a través de regalos, pero también era muy bueno improvisando con cajas de cartón, perchas y almohadones. Una vez que había decidido convertir la habitación entera en una zona de maniobras, el problema de cómo tenerlo entretenido podía considerarse resuelto, gracias al cielo, durante más de una semana.

Wimpey no se quedó mucho tiempo en su habitación. Miró por la ventana, pero no había nada que ver. Casi había oscurecido y, en cualquier caso, la ventana daba al jardín trasero. Entonces se le ocurrió que Appleby podría estar escondida en la caseta, pero Wimpey era demasiado tímida para salir a comprobarlo a aquellas horas. Luego le vino a la mente que a lo mejor a nadie se le había ocurrido buscar en las habitaciones vacías de la casa.

En el piso de abajo no había ninguna vacía. La cocina, el pequeño invernadero, el comedor pequeño, la habitación de los niños, el cuarto para Googles, la sala de estar, el comedor principal y el guardarropa recibían con regularidad las visitas de los diversos miembros de la familia. Por tanto, no eran buenos escondites.

En el primer piso había cuatro dormitorios, un baño y un gran armario para orear la ropa. Poopie y Wimpey tenían allí sus habitaciones, una frente a la otra. La habitación de sus padres, junto con el dormitorio de Googles, era contigua a la de Poopie. La siguiente dependencia era el baño y, al otro lado, había una habitación de invitados que únicamente se había usado una vez, por parte de la señorita Quigley, durante una de sus catastróficas visitas de fin de semana.

Tras pasar de puntillas ante la habitación en la que estaba durmiendo Joshua y ante la de Poopie, que no estaba cerrada del todo, Wimpey fue a buscar en la habitación de invitados.

Pese a la penumbra, pudo distinguir una cama bien hecha, en la que no había dormido nadie, junto a unas sillas que seguían en sus posiciones matemáticamente correctas. El espejo de la pequeña cómoda de al lado de la ventana reflejaba la luz del descansillo. Wimpey no necesitaba dar un paso más para saber que allí no había nadie. Registró rápidamente el baño y el gran armario de orear. A continuación, decidida a realizar una búsqueda a fondo, se dirigió escaleras arriba.

En ese piso había cuatro habitaciones y otro gran armario. En la parte inferior, donde estaba también el termo del agua caliente, Vinetta guardaba todas las sábanas y las mantas. En este armario había una maraña de tuberías de agua caliente y fría que iban de arriba abajo, así como dos delgados estantes de madera. Estaba casi siempre vacío y tenía tendencia a acumular telarañas. Wimpey miró dentro con cuidado y luego, satisfecha, volvió a cerrar rápidamente la puerta.

El baño y el armario de aquel piso estaban junto a la parte superior de las escaleras, al final del rellano y justo enfrente de la habitación de Soobie. Wimpey pasó de puntillas ante la puerta justo cuando Soobie estaba empezando a despertarse. A continuación, venía la gran habitación delantera, que ocupaba el abuelo Mennym, que a su vez daba a un pequeño vestidor donde la abuela tenía una cama nido para su propio uso. Aquella pequeña habitación no daba, por supuesto, al descansillo. Frente a la puerta del abuelo estaba la habitación de Appleby. La siguiente era otra habitación de invitados, ligeramente más pequeña que la del piso de abajo, pero más agradable. Wimpey se dirigió con ciertas esperanzas a esta segunda habitación de invitados; pero también estaba ordenada, limpia y absolutamente desocupada.

A pocos pasos estaba la pequeña escalera sin alfombra que daba al temido desván. Reuniendo todo su valor para aquel viaje que jamás había realizado, Wimpey comenzó la ascensión de aquellos peldaños llenos de crujidos.

De repente, la puerta del desván se abrió de par en par. Wimpey, que había estado buscando sin verdaderas esperanzas de encontrar, se quedó tan asombrada que cayó de espaldas a la alfombra que había al pie de las escaleras.

—¡La he encontrado! —chilló—. ¡Ven rápido, mamá! ¡Está aquí arriba, en el desván!

Wimpey conoce a Pilbeam

La puerta del desván se había abierto hacia dentro y la luz de la bombilla que colgaba de las vigas iluminaba el descansillo. Justo cuando Wimpey se cayó y gritó, Pilbeam salía a las escaleras, *sus* escaleras. Con la luz a sus espaldas, apenas parecía una silueta; pero no era la silueta de Appleby, sino que era más alta y esbelta, además de tener un pelo largo y lacio que parecía claramente negro. Al levantar la vista, Wimpey comprendió de inmediato que se trataba de una extraña.

—¡No es Appleby! —chilló, al mismo tiempo que se desmayaba.

De la habitación del abuelo salió el ruido de un bastón que daba grandes golpes contra el suelo. Sir Magnus no tenía la más mínima intención de volver a dejar la cama a menos que se declarara un fuego. ¡Con una vez ya era más que de sobra! Alguien tendría que ir a decirle qué pasaba.

Soobie, casi preparado para su búsqueda nocturna, salió de su dormitorio para averiguar la causa de tanta conmoción. Al ver a Wimpey tendida e inmóvil al pie de las escaleras del desván, echó a correr, al mismo tiempo que Pilbeam bajaba para ver qué podía hacer por aquella niña a la que acababa de dar un susto de muerte. Pilbeam, que llegó primero, se agachó y la tomó entre sus brazos.

—Llama a mamá —le dijo a Soobie en tono de urgencia—. Yo cuidaré de Wimpey hasta que vuelvas.

Pilbeam había reconocido a Wimpey de inmediato. Nadie más de la casa podía haber respondido tan exactamente a la descripción de Vinetta.

Soobie, tras un instante de duda, salió corriendo a buscar a su madre. Sir Magnus seguía dando golpes en el suelo con su bastón. Soobie se asomó a la habitación y, rápidamente, dijo:

—No pasa nada, abuelo. Los gemelos otra vez —le explicó de forma convincente.

Al pasar ante la habitación de sus padres en el piso de abajo, Joshua, que estaba casi listo para salir a trabajar, sacó la cabeza para saber a qué venía tanto jaleo.

—¿Ha vuelto ya? —preguntó a Soobie.

—No —dijo Soobie—. ¿Dónde está mamá?

—Abajo, supongo —respondió Joshua, antes de regresar a su habitación y cerrar la puerta.

Estaba muy acostumbrado al alboroto que siempre montaba su escandalosa familia y, una vez enterado de que Appleby no era la razón de tanto jaleo, perdió todo interés en el asunto.

Poopie ni siquiera oyó el ruido. Su campo de batalla estaba de lo más interesante, y era incapaz de prestar atención a cualquier otra cosa.

En la sala de estar, Vinetta se encontraba sentada con Googles sobre el regazo, y le cantaba con una voz un tanto temblorosa:

«Calla, calla, bebé,
que en el cuerno de la luna
cuando el viento te dé
se mecerá la cuna.»

Googles no se acababa de dormir. Una de las manitas tiraba de las cuentas que colgaban alrededor del cuello de Vinetta. Las piernecitas estaban rígidamente estiradas en un esfuerzo por alcanzar el suelo. Vinetta dejó de cantar y lanzó un suspiro.

—Pobrecita Googles. Te he estado haciendo muy poco caso últimamente. Todas estas preocupaciones por Appleby están poniendo patas arriba a esta casa.

Justo en ese instante, Soobie entró corriendo.

—Vuelve a poner a Googles en la cuna, mamá. Wimpey ha descubierto a Pilbeam y se ha desmayado. Tienes que subir.

Googles fue a parar a la cuna portátil, donde inmediatamente rompió a llorar con fuerza y a todo volumen. Afortunadamente, Tulip, que había estado trabajando en el comedor pequeño, salió de allí para saber a qué se debía tanto alboroto.

—Cuida de Googles, madre —dijo Vinetta rápidamente—. Hoy está muy rabiosa. Nunca la había visto tan traviesa. Yo tengo que subir a ver a Wimpey.

—¿Qué le pasa a Wimpey? —preguntó la abuela Tulip con ansiedad, aunque al mismo tiempo tomaba en sus brazos a Googles y comenzaba a mecerla.

—Se ha caído —dijo Soobie—, pero no te preocupes. No es nada serio. Sólo quiere que la mimen. No le ocurre nada importante.

Soobie y Vinetta subieron corriendo los dos tramos de escaleras que llevaban al piso de arriba. Al llegar, se encontraron a Pilbeam sentada en el peldaño inferior de las escaleras del desván cuidando de Wimpey, que comenzaba a recuperar el conocimiento, aunque aún parecía presa de la confusión.

—Vamos a subir todos al desván —dijo Vinetta.

Parecía el mejor lugar dadas las circunstancias. Vinetta agarró a Wimpey de la mano y encabezó la marcha.

Wimpey miró a Pilbeam por encima del hombro.

—¿Quién es? —preguntó con un susurro.

—Espera un momento —fue la breve respuesta de su madre, mientras la llevaba al desván.

—¿Pero quién es? —insistió Wimpey, alzando la voz y observando con curiosidad el mobiliario del desván, el tocadiscos de Soobie y el televisor de repuesto.

Pilbeam, nada más entrar, se sentó en el escabel sin pronunciar palabra. Vinetta sentó a Wimpey encima del baúl de mimbre, el que contenía los rollos de tela. Habían movido ambos baúles para que formaran una frontera entre la parte del desván de Pilbeam y la amplia extensión vacía que había más allá. En el otro baúl, el televisor daba las noticias e intentaba sin éxito que alguien le hiciera algún caso.

—Apaga eso —dijo Vinetta, al tiempo que se sentaba en la mecedora.

Soobie lo desconectó, y a continuación se sentó en un par de cojines colocados en el suelo.

—¡Bueno! ¿Pero quién es? —exigió saber Wimpey en voz alta y, por si no había quedado claro, le dio una buena patada con los talones al bául de mimbre.

Pilbeam la miró con ira. Una Wimpey inconsciente podía despertar los instintos maternales de Pilbeam, pero una mocosa malcriada sentada en su baúl y hablando como si su dueña no estuviera presente, no le provocaba exactamente los mismos sentimientos.

—Ésta es Pilbeam —dijo entonces Vinetta—. Cuando Appleby vuelva a casa, vamos a presentarla a toda la familia. Va a vivir con nosotros, pero no quiere bajar todavía y por eso la tenemos aquí, en secreto.

—O sea, que es una especie de sorpresa —dijo Wimpey encantada—. ¿Pero de dónde la habéis sacado?

Pilbeam pareció enfurecerse aún más.

—Bueno —dijo Vinetta—; he estado dándole vueltas. Podemos fingir que es vuestra prima de Canadá y que ha venido a vivir con nosotros porque siempre ha querido conocer Inglaterra.

—No, de eso nada —exclamó Pilbeam, indignada y levantándose de un salto—. No harás nada de eso. Tú eres mi madre. Y Soobie, aunque lamento decirlo teniendo en cuenta que es un chivato, es mi hermano gemelo. Appleby, Wimpey, Googles son mis hermanas y Poopie, mi hermano pequeño. ¡Y no se hable más!

Los labios habían perdido claramente su aspecto de satén rosado. Por el contrario, se habían vuelto sumamente móviles y ahora expresaban toda la ira y determinación que sentía Pilbeam.

Vinetta no sabía qué decir.

—¿Pero dónde has estado? —insistió Wimpey—. ¿Por qué no te habíamos visto nunca hasta ahora?

—Eso lo tengo ya pensado —replicó Pilbeam—; aunque no ha sido fácil. He nacido sabiendo muchísimas cosas y luego Soobie y mamá se han molestado en contarme muchas más, parte de las cuales yo ya parecía saber. Pero durante estas últimas semanas he tenido tiempo de reflexionar, y por eso digo que ya lo tengo todo pensado. Llevo aquí, en el desván, todo el tiempo. La tía Kate murió antes de poder acabarme. Así que estuve dormida hasta que Soobie y mamá me encontraron y me devolvieron a la vida. Ésa es la verdad, y os aseguro que es mucho mejor que todas esas tonterías sobre primos canadienses.

Pilbeam no sabía, y nunca lo sabría, que la habían encontrado completamente desmembrada.

Vinetta pareció avergonzada. Se levantó de la mecedora y rodeó a su hija con los brazos.

—Tienes toda la razón, cariño. Siempre es mejor decir la verdad. Lo que pasa es que estamos muy acostumbrados a fingir. Es un hábito difícil de cambiar.

—¿Llevas durmiendo en el desván desde que murió la tía Kate? —preguntó Wimpey asombrada, intentando comprender todo aquello.

—Sí —dijo Pilbeam, sin mayores florituras.

—Pero eso pasó hace cuarenta años. ¿Llevas durmiendo cuarenta años? ¡Eres como la Bella Durmiente!

—¿Y qué hacemos ahora? —preguntó Vinetta—. ¿Quieres bajar a conocer al resto de la familia?

Al igual que su gemelo Soobie, al que se parecía en tantas cosas, Pilbeam dictaba sus propias reglas y las cumplía a rajatabla.

—No —dijo—; prefiero quedarme aquí hasta la vuelta de Appleby.

Pilbeam se volvió entonces hacia Wimpey con mucha brusquedad. La agarró de los hombros, miró fijamente aquellos ojos azules de niña, y dijo en tono cortante:

—No vuelvas por aquí hasta que te lo digan. Y no le digas a nadie de la casa, ni a Poopie siquiera, que me has visto. ¿Lo entiendes?

—Sí, Pilbeam —dijo Wimpey, mientras sus ojos azul claro se estremecían con expresión de nerviosismo—. No pienso contárselo a nadie… a nadie. Te lo prometo.

No hacía falta meterle miedo en el cuerpo. Wimpey estaba absolutamente dispuesta a adorar a Pilbeam, mientras que ésta estaba decidida a aceptar la adoración incondicional de su hermana pequeña. Con todo, no había nada de malo en asegurarse.

La búsqueda continúa

Vinetta regresó a la sala de estar, dejando en su habitación, para que se calmara, a una Wimpey presa de las emociones. Aquella tarde no habría hora familiar, pero Poopie no necesitaba que nadie se lo dijera. Estaba tan absorto en sus maniobras militares, que de haber necesitado su presencia, alguien tendría que haber ido a llamarlo. Tulip se encontraba en la sala de estar, sentada junto a la cuna en la que Googles estaba durmiendo.

—La llevaré al cuarto de los niños —dijo Vinetta.

—No ha sido fácil calmarla, te lo puedo asegurar —dijo Tulip, sin levantar la voz—. Cualquiera diría que sabe que pasa algo malo en la casa.

Vinetta sonrió con tristeza, pero no dijo nada. Llevó la cuna a la habitación de al lado y regresó de inmediato a su silla, junto al fuego. Joshua entró, como de costumbre, para pasar un rato en familia antes de irse a trabajar.

—¿Dónde está todo el mundo? —preguntó.

—En sus habitaciones —replicó Vinetta, sin preocuparse de explicarle por qué.

A Joshua siempre le habían bastado las respuestas sencillas. Las explicaciones largas le resultaban aburridas e innecesarias.

—¿No hay noticias? —preguntó.

—Ninguna —dijo Vinetta.

Entonces se produjo un breve silencio. Tulip encendió la televisión para tener un poco de ruido de fondo, y se quedaron todos allí sentados, sin hacerle ningún caso a la pantalla.

Joshua les dirigió una mirada de precaución a su esposa y a su madre; luego tomó su la pipa y la acarició. ¿Cuándo una ficción dejaba de ser una ficción? Joshua necesitaba fumar aquella pipa apagada.

El parte meteorológico decía que continuarían las fuertes lluvias en algunos puntos de las islas británicas.

Y así era.

—Escuchad la lluvia —dijo Joshua, yendo hasta la ventana y levantando la cortina para echar un vistazo—. ¡Otra vez las botas y el paraguas!

Se levantó y salió a preparar su ropa para la lluvia.

—Me marcho ya —les dijo desde el vestíbulo, al cabo de unos minutos.

—Adiós —respondieron ambas mujeres.

Tulip apagó la televisión y se fue al comedor pequeño, echándole, por el camino, una ojeada al bebé dormido.

Vinetta no se movió. Se quedó escuchando la lluvia que caía sobre las ventanas y se sintió cada vez más desgraciada. El sufrimiento de no saber dónde podría estar su hija en una noche como aquélla, era como un nudo en el estómago que estuviera a punto de cortarle la respiración.

—¡Ay, Appleby! —gimió—. ¿Dónde, dónde estás?

Pero fue Soobie el que le contestó. Estaba en la puerta de la sala de estar, cubierto otra vez con su abrigo y su capucha, y calzando las botas azules. En la mano llevaba el gran paraguas.

—La encontraré, madre. La encontraré. Es una cabezota, pero también es fuerte e inteligente. Creo que ya sé dónde buscar.

Esta vez, cuando salió a la calle, no giró hacia la ciudad ni hacia las tiendas bien iluminadas. Dobló a la izquierda, dejando atrás la primera iglesia, que estaba cerrada y completamente a oscuras, para llegar a la segunda, que estaba tenuemente iluminada, pero también cerrada. Soobie avanzó hasta el arco que daba entrada a la segunda iglesia y echó un detenido vistazo a los rincones del atrio. Un niño de unos nueve o diez años estaba sentado hecho un ovillo y con las rodillas tocándole el mentón. Pero no había signos de Appleby.

La tercera iglesia tenía dos entradas. La primera, en el centro de la fachada delantera, era una gran puerta doble que se encontraba cerrada. Soobie probó incluso a tirar del anillo de metal que hacía de manilla. El lugar parecía prometedor. Había luces en las ventanas de cristal esmaltado y tenía todo el aspecto de ser un edificio que no estaba cerrado a cal y canto. Soobie examinó la fachada y distinguió a la derecha una segunda puerta. Ésta era más pequeña y estrecha; sin embargo, y eso era lo importante, estaba ligeramente entreabierta.

Soobie entró con cautela, y se encontró en un patio interior con carteles en las paredes y dos percheros. Miró por el tabique de cristal y vio que había en la nave tres o cuatro individuos sentados o arrodillados en silenciosa plegaria, todos bien separados unos de otros: gente con gran sentido de la intimidad en un lugar muy íntimo.

Soobie estuvo observándolos un rato antes de sentarse sigilosamente en el extremo del banco trasero. Entonces, se arrodilló ante la estatua de una dama que llevaba un niño en brazos. Appleby no estaba allí; pero el ambiente de recogimiento de aquel lugar le dio una nueva brizna de esperanza a la que aferrarse.

Aprovechando las profundas sombras, Soobie se echó la capucha hacia atrás, lo justo para dejar claro que sabía que en una iglesia hay que descubrirse la cabeza. Soobie, siempre sincero consigo mismo, estaba decidido a no ser menos sincero con Dios.

—No sé quién ha hecho la parte de mí que piensa. No sé quién soy de verdad ni qué soy en realidad. Nunca me ha gustado fingir. No puedo fingir que tú me estés escuchando. Sólo puedo ofrecerte el beneficio de la duda. Y es una duda muy grande; de eso puedes estar segura. No sé si creo en ti ni, lo que es peor, si tú crees en mí; pero necesito ayuda y no hay nadie más a quien acudir. Las personas de carne y hueso que vienen aquí tienen algo a lo que llaman «fe». Por favor, si escuchas a un muñeco de trapo con la cara azul, deja que la fe de los demás te baste para ayudarme. Tengo que encontrar a mi hermana, porque si no, mi madre será la primera de nosotros en morir. Querido Dios, ¡si ni siquiera sé qué significa lo que acabo de decir!

Eso fue todo lo que pudo expresar. Después de esto, se le ocurrieron dos cosas. Primero, que únicamente ahora había comprendido por qué tenía que encontrar a Appleby. Segundo, que tenía la sensación, aunque no era más que eso, una sensación, de que alguien, en alguna parte, había oído su plegaria.

Soobie salió a la noche lluviosa de otoño y vagó sin rumbo fijo, hasta que se vio en el parque. Las puertas del recinto estaban cerradas pero, tal como estaban los tiempos, alguien había roto los barrotes de al lado de la puerta y había dejado un hueco amplio por el que hasta Soobie podía introducirse.

Soobie siguió avanzando por un sendero amplio hasta llegar a un cruce. A la izquierda había un camino más estrecho, que seguía entre unos árboles altos y sin hojas. A la derecha continuaba el sendero amplio, que atravesaba una zona de juegos con hierba, hasta llegar al lago. Farolas tenues y anticuadas iluminaban ambos caminos, proyectando los reflejos producidos por el agua de lluvia, que seguía cayendo, fina pero continua. El abrigo de Soobie estaba empapado. Afortunadamente, las botas azules eran más impermeables que el viejo paraguas.

Soobie se detuvo en el cruce durante unos segundos. Luego, decidió seguir el sendero estrecho, más protegido gracias a los árboles. Tras recorrer unos cuantos metros, pasó ante un banco, y luego otro. Estaban colocados a intervalos a lo largo del sendero y, a través de los árboles, daban a la verde zona de juegos y, algo más allá, al lejano lago.

Soobie continuó avanzando lentamente y casi sin fuerzas. Al llegar al final de un caminito que salía del lago y dividía el césped en dos grandes zonas, pudo ver un edificio de madera, todo cerrado, y con lo que parecía una esfera de reloj en una torre vagamente iluminada y apenas perceptible a través de la oscuridad. Soobie siguió avanzando en aquella dirección.

Justo antes de llegar al edificio, en el último banco, vio lo que parecía un gran bulto de trapos sucios. Soobie supo de inmediato que se trataba de Appleby, y lo supo simplemente porque desde hacía aproximadamente diez minutos había tenido la sensación de que la encontraría allí. Una especie de instinto le había dicho que Appleby estaría tendida exactamente como estaba, sucia y desesperada, sin saber adónde dirigirse.

Soobie se alegró de encontrarla. De hecho, estaba rebosante de satisfacción por haber dado con ella. Pero no dejó que se le notara.

Fue hasta el banco y la tomó del brazo mojado.

—Venga —le dijo—. Vas a venir a casa. A tu madre la está matando la preocupación.

Appleby levantó la vista con una mirada llena de confusión. Sin embargo, siempre desafiante, se las arregló para decir:

—¿Y a mí qué?

Soobie se mordió el labio azul, y ya estaba a punto de decir algo que la pusiera en su sitio, cuando toda la rebeldía de Appleby se derrumbó y la muchacha se dejó caer en el banco entre sollozos.

No había nada más que decir. Soobie la tomó del brazo y, sin pronunciar palabra, la llevó casi a rastras por el sendero, pasaron a través de los barrotes y se internaron en la calle oscura.

El baño de Appleby

Eran las diez de la noche cuando Soobie entró como pudo por la puerta delantera sujetando a Appleby, que se apoyaba en él como si fuera un peso muerto. El abrigo de Soobie estaba mojado, su paraguas hecho jirones y las botas cubiertas de barro. Pero sus problemas eran una minucia comparados con los de la muchacha.

Tulip y Vinetta habían ido corriendo a abrir la puerta, e hicieron entrar en la caldeada y cómoda sala de estar a aquellos seres salidos de la noche fría y lluviosa. Soobie se quitó rápidamente el abrigo mojado y las botas sucias, y a continuación puso el paraguas destrozado en el ropero.

Entonces se concentraron todos en Appleby. Su hermoso pelo rojo estaba cubierto de barro y parecía no ser de ningún color concreto. La camiseta y los vaqueros estaban terriblemente sucios. De algún modo, se las había arreglado para perder los zapatos, mientras que los calcetines sólo eran un amasijo de jirones. Sus ojos verdes estaban tristes y sin lustre. Obviamente, no eran más que botones verdes cosidos por Kate hace cuarenta años. La magia que los había convertido en ojos capaces de ver había desaparecido. Sólo la boca permanecía viva y caída, mientras un ligero temblor recorría las comisuras de los labios.

Vinetta parecía conmocionada. Todas las cosas que podía haber dicho, todos los reproches que podía haber lanzado, todas las explicaciones que podía haber exigido, no pudieron salir de sus labios. Cuando Appleby se derrumbó hacia delante, Vinetta la estrechó entre sus brazos y la apretó con fuerza, hasta que el agua sucia que le había empapado todo el cuerpo comenzó a rezumar. Tulip y Soobie la ayudaron a meterla en la sala de estar y a tenderla en el sofá.

Su boca seguía estremeciéndose, pero era la única parte de su cuerpo que se movía.

—¿Qué vamos a hacer? —le preguntó, aterrada, Vinetta a Tulip.

Tulip observó a su sucia nieta y a su desamparada nuera.

—Tendrá que bañarse en una de las bañeras grandes —dijo en tono autoritario—. Toda esa suciedad se le ha metido hasta el fondo del sistema. Ni la esponja ni la ducha conseguirían sacársela.

Los botones verdes parpadearon con vida por un instante. Appleby pareció horrorizarse, pero no tenía fuerzas suficientes para protestar, ni para mantener la mirada de horror durante mucho tiempo.

Vinetta estaba preocupada. Nadie se había bañado nunca. Una pasada con la esponja, sí. Incluso un entrar y salir rápidamente de la ducha. ¿Pero un baño?

—¿Estás segura, Tulip? —preguntó llena de recelo—. El agua le entrará hasta el fondo. No podremos volver a secarla nunca.

Los ojos de cristal de Tulip adoptaron una mirada dura y firme, como la de un médico que sabe que su decisión entraña ciertos peligros pero que, sin embargo, es acertada.

—Ya está empapada —le explicó—, y de agua sucia. Me da la impresión de que se ha caído en un estanque. Ahora debemos sacarle la suciedad, y ya pensaremos después en cómo secarla.

En el sofá, Appleby seguía tendida, sin vida. El agua sucia le caía por todas partes. El rostro, las manos y toda la ropa estaban cubiertos de cieno. Tenía trocitos de algas colgando. No sólo parecía mojada, también parecía ahogada.

—No le queda vida dentro —dijo Vinetta, mientras tocaba con timidez el brazo de su hija—. Sería cruel atormentarla más. Dejémosla descansar.

—No —insistió Tulip—, hemos de ser crueles para ser bondadosos. No volverá a tener vida hasta que esté seca y limpia. Si dejamos que se seque en el estado en que se encuentra ahora, se pondrá rígida, y sólo Dios sabe qué nuevos problemas puede llegar a traer eso.

—¿Y cómo sabemos que volverá a la vida? —preguntó Vinetta. Pero mientras pronunciaba las palabras recordó la cabeza, los miembros y el tronco que habían encontrado en el desván. De todo ello había surgido Pilbeam, y Pilbeam estaba tan viva como cualquiera de ellos.

—No lo sabemos —dijo la abuela Tulip con brusquedad—, pero no tenemos nada que perder por intentarlo.

Soobie se había quedado al margen, en silencio, reflexionando sobre lo que se decía. En ese momento optó por confiar en la sabiduría de su abuela.

—Tendremos que subirla al baño del primer piso. Podemos llenar la bañera con agua caliente y ponerle un poco de champú. Cuando nos lavamos algo, luego se seca: nuestro pelo se seca, nuestras ropas se secan. Así que, aunque tarde algo más y sea más difícil, podemos confiar en que Appleby se secará.

Pesaba mucho. ¡Vaya si pesaba! La llevaron a cuestas al piso de arriba y la metieron en el baño. La sentaron en una silla mientras preparaban la bañera. Soobie, que había echado una mano con el trabajo pesado, dejó a su madre y a su abuela solas para el lavado.

Puesto que Appleby estaba hecha enteramente de tela, no se les ocurrió quitarle ni la camiseta ni los vaqueros sucios. Sólo le quitaron los calcetines destrozados y los dejaron a un lado, con la intención de tirarlos a la basura. Cuando les pareció que la bañera había alcanzado un nivel y temperatura adecuados, introdujeron a Appleby en ella. El agua jabonosa tardó poco en volverse negra y en acumular una gran capa de suciedad.

Vinetta fue a buscar un cepillo a la cocina y le arrancó la suciedad del pelo, la cara, los brazos, los vaqueros, la camiseta… de todas partes. Tras media hora, Appleby se encontraba, si es que eso era posible, más mojada que al principio, pues su cuerpo absorbía el agua como una esponja, aunque no parecía estar mucho más limpia.

—Saca el tapón —ordenó Tulip, tratando de conservar la calma, pero en absoluto segura de que el remedio que había prescrito fuera a funcionar.

El agua sucia salió por el desagüe, dejando una marca ancha y negra en la bañera. Dentro, tendida y casi inconsciente, una figura gris hacía débiles esfuerzos por mover los brazos y las piernas.

—Aún se mueve —dijo Tulip, que se sentía asustada pero que trataba de parecer llena de esperanzas.

—¿Y qué hacemos ahora? —preguntó Vinetta, con un filo de furia en la voz.

—Por favor, llama a Soobie —ordenó Tulip—. La llevaremos al baño de arriba y pondremos otra bañera. Pero antes de meterla, le enjuagaremos todo este jabón sucio bajo la ducha.

Soobie, Vinetta y Tulip arrastraron a Appleby por el siguiente tramo de escaleras, manchando la hermosa alfombra azul.

—Se está ensuciando la alfombra —dijo Soobie.

—No te preocupes por la alfombra —dijo Vinetta de mal humor—. Eso tiene fácil arreglo —Vinetta estaba casi sin voz y había perdido completamente la paciencia.

Cuando le quitaron el jabón sucio con la ducha, Appleby comenzó a recuperar el color normal. El rostro se le estaba volviendo rosado. El pelo había recuperado su matiz rojo natural. La camiseta verde seguía teniendo manchas de suciedad, pero resultaba claramente verde. Los vaqueros estaban casi limpios, y los pies y los tobillos de la muchacha mostraban tonos carnosos con las uñas pintadas de rojo, aunque la pintura estaba agrietada y los dedos de los pies aún estaban grisáceos.

—¡Tiene uñas en los pies! —exclamó Tulip, para luego, tras una inspección más detenida, añadir con una voz de desaprobación—: ¡Y se las pinta!

Appleby aún no podía hablar, pero le dirigió a su abuela una mirada asesina que venía a decir: «Son mis uñas y hago con ellas lo que me da la gana.»

—A la bañera con ella —dijo Tulip, que, con la ayuda de Vinetta, introdujo a Appleby en el agua limpia.

Esta vez la espuma no salió gris y el cepillo conservó su color blanco. Tras un chapuzón final bajo la ducha, Appleby parecía casi normal.

Casi, pero no del todo. Tenía los miembros y el tronco llenos de agua y parecía hinchada. Las mejillas eran anormalmente rechonchas, de tal modo que los ojos de botón verde prácticamente habían desaparecido entre los pliegues. Appleby estaba aturdida. Sus movimientos —sí, aún se movía— eran lentos y laboriosos. Parecía una astronauta. Pero todavía no era capaz de hablar.

—Soobie —dijo Tulip—, ve a sacar los estantes del armario de orear.

Soobie fue a la puerta de al lado y rápidamente retiró los listones que formaban los dos estantes, para luego guardarlos en un rincón del rellano.

Mientras tanto, Vinetta y Tulip, utilizando cuatro enormes toallas de baño, le secaron el pelo y le escurrieron toda el agua que pudieron de su calado cuerpo. Pronto, las toallas estuvieron empapadas; pero salvo por el pelo, Appleby daba la impresión de estar igual de mojada que al principio.

—Bien —le dijo Tulip a Soobie a su regreso—, vete a buscar a la habitación de Appleby su silla de mimbre y otro par de toallas de baño del piso de abajo. Pon las toallas en el suelo del armario y la silla encima.

A estas alturas, la aterrorizada Appleby estaba sentada en la banqueta del baño, mientras ambas mujeres la sujetaban, una a cada costado. Cuando Soobie hubo hecho lo que le pedían, ayudó a las dos mujeres a colocar a su hermana en la silla del armario. Tulip le explicó a la aturdida muchacha lo que le estaban haciendo.

—Puedes quedarte aquí sentada y calentita hasta que te seques. Duérmete. Nadie vendrá a molestarte. Puede que tardes una o dos semanas, pero debes secarte por completo. Es lo único que tienes que hacer. Vendremos a verte de vez en cuando para comprobar que todo va bien. Te voy a traer mi campanilla, y si quieres cualquier cosa, no tienes más que hacerla sonar.

Aquél sí que había sido un discurso con segundas, y hasta con terceras. Había sido práctico y útil. Pero lo que de verdad estaba haciendo Tulip era escenificar la mayor ficción de toda su vida. Estaba fingiendo a la desesperada que aquel episodio tan extraño no era más que una situación ordinaria y cotidiana de la vida. Por otra parte, sentía una satisfacción callada y maliciosa al pensar que aquella adolescente que tantos problemas les había causado, se quedaría encerrada en un armario durante un tiempo considerable para pensar en todas sus maldades.

—¿Estarás bien? —preguntó Vinetta tímidamente, sintiendo verdaderos deseos de abrazar a Appleby y arreglar las cosas allí mismo, pero sabiendo que aquel consuelo instantáneo estaba fuera de su alcance.

Appleby le dirigió a su madre una mirada de tranquila resignación. La ficción había funcionado prácticamente a la perfección. Casi estaba dispuesta a creer que, con el tiempo, todo iría bien. Y, si hay que ser sinceros, deseaba que cerraran la puerta y la dejaran reponerse, o incluso morirse, pero sola y en paz.

La última reunión

En medio de la oscuridad, Tulip pasó de puntillas junto a su dormido marido, para entrar en el vestidor y ponerse ropa limpia y seca. Sentada frente a su espejo, con sólo una luz tenue, se arregló metódicamente la cara y el pelo hasta recuperar su habitual aspecto limpio y ordenado. Las ropas, mojadas y sucias, acabaron en la cesta de la colada. No quedó ni sombra de la conmoción recién vivida.

En el piso de abajo, Vinetta estaba limpiando la bañera en la que Appleby había dejado un cerco sucísimo.

En el armario del vestíbulo, la señorita Quigley se removía incómoda en su silla con respaldo de caña, consciente de que en la casa se estaban desarrollando importantes acontecimientos.

Poopie estaba profundamente dormido, ajeno a todo, incluso del soldado articulado, que marcaba un bulto en la almohada.

Wimpey oyó ruidos en la oscuridad, sintió miedo y se cubrió completamente la cabeza con la colcha.

En la cuna de su habitación, el mejor bebé jamás inventado se chupaba silenciosamente el dedo pulgar. Eran pocas y bien espaciadas las noches en que Googles no dormía de un tirón.

Joshua, por supuesto, seguía en el trabajo, sentado en su oficina y tratando de poner en orden todo tipo de extraños pensamientos. Cuarenta años de absoluta simplicidad le habían dejado mal preparado para las complicaciones de los últimos meses. Casi deseaba que Vinetta le hubiera dejado en la ignorancia con respecto a aquel asunto. Sencillamente, había demasiadas cosas por las que preocuparse. Las manos de Joshua rodeaban la taza de Port Vale, y la estrechaban con fuerza, como si trataran de agarrarse a un último vestigio de realidad.

Tulip fue a sentarse en el borde de la cama, donde seguía durmiendo Magnus.

—Magnus —le dijo con suavidad, pero con urgencia—, despierta. Despierta.

Su marido gimió y se incorporó un poco sobre las almohadas.

—¿Qué pasa ahora? —preguntó, en un tono que lo era todo menos amistoso.

—Es Appleby —respondió Tulip—. Ha vuelto. Soobie la ha encontrado.

Sir Magnus se despertó completamente nada más oír aquellas palabras y se sentó muy derecho, como impulsado por un resorte.

—¿Dónde está? Tráela aquí. Quiero verla —exigió, al tiempo que tiraba del cordón que encendía la luz del techo.

Tulip pareció incómoda, como una niña de sesenta y cinco años a la que sorprenden en una travesura sonada. ¡Si por lo menos le pudiera echar la culpa a Vinetta!

—No puedes verla aún —dijo, en un tono de voz desacostumbradamente tímido.

A continuación, estrechó con fuerza la mano de su marido y decidió decir la verdad pura y dura.

—He hecho una cosa espantosa, Magnus —soltó de sopetón—. Entonces creía que era lo mejor, pero ahora no sé qué puede pasar. A lo mejor la he matado.

Entonces le contó lo del baño y cómo la habían mojado tanto que daba la impresión de que nunca se iba a secar. Tulip no le echó la culpa a nadie, sino que admitió tranquilamente que la idea había sido enteramente suya.

Sir Magnus, fascinado, la dejó contar la historia. Cuando describió lo empapada de agua que estaba Appleby, no pudo menos que pensar: «¿Pero cómo has podido ser tan estúpida? ¿Cómo es que ni siquiera le has quitado la ropa primero?» Pero calló la boca.

—Ahora creo —dijo Tulip— que podría haber sido mejor si le hubiéramos quitado la ropa antes, pero no podía pararme a pensar. En ese momento parecía que lo importante era ser rápida y meticulosa.

Sir Magnus estaba tan acostumbrado a que Tulip lo dirigiera todo, a que se ocupara de todo, pagara las facturas y fuese el miembro más eficaz de la casa, que se dio cuenta de que sentía más ternura hacia ella en el momento del fracaso de la que había sentido durante muchos años. Magnus había nacido sabiendo que habían sido novios desde niños; pero ésa era otra historia.

—Todos cometemos errores —dijo sir Magnus con suavidad, al tiempo que la tomaba de la mano—. Además, Vinetta también estaba allí. Podía habértelo impedido. Ahora ya está hecho y no sirve de nada lamentarse.

Tulip lanzó un suspiro de alivio. El problema seguía siendo igual de peliagudo, por supuesto; pero en cierto modo se sentía absuelta de sus culpas.

—¿Saben los demás que Appleby ha vuelto? —fue la siguiente pregunta de sir Magnus.

—Están acostados y dormidos.

—Despiértalos y tráelos aquí. Ah, y a la señorita Quigley también —dijo sir Magnus.

—¿A estas horas? —preguntó Tulip.

El reloj de pared marcaba las tres menos veinte.

—La hora no importa —respondió entonces su marido—. Appleby ha vuelto y tienen derecho a saberlo. Además, habrá que dejar claro que tienen que mantenerse alejados del armario de orear.

Dada la situación, se omitió el ritual de la visita de la calle Trevethick. Tulip llamó a la puerta del armario del vestíbulo, y cuando la señorita Quigley abrió, le dijo:

—Tenemos que ir todos a la habitación de sir Magnus de inmediato. Es importante.

A los gemelos les encantó que los despertaran a una hora tan rara, y no necesitaron que se lo dijeran dos veces.

A estas alturas, Vinetta ya se había puesto el camisón, y llegó rápidamente con la bata y con Googles en brazos.

Soobie fue el único que no asistió. Al principio hizo caso omiso de la llamada de Tulip.

Vinetta insistió:

—El abuelo quiere que vayamos todos —dijo en voz alta, después de que Soobie no hiciera caso de dos fuertes llamadas en su puerta.

—Bueno, pues no pienso ir —gruñó finalmente—. Estoy agotado. ¿Quién se ha creído que soy?

Vinetta vio entonces el montón de ropa azul formando una pila a la izquierda de la puerta. Aquello descartaba definitivamente cualquier tipo de insistencia. Habría que lavar, secar, airear y planchar aquellas ropas antes de que Soobie estuviera listo para volver a abandonar su cama.

—La verdad es que debería tener una muda —dijo Vinetta con un suspiro—. Un solo traje no le basta a nadie.

El abuelo había querido alabar personalmente a su nieto como héroe del día, pero tuvo que contentarse con reconocerlo en su ausencia.

—Por consiguiente —dijo sir Magnus, a modo de conclusión y mirando con énfasis a los gemelos dormidos que estaban sentados en el diván en un inusual estado de tregua—, tendremos que mantenernos todos apartados de ese armario de orear. De hecho, no tenéis nada que hacer en este piso; así que no subáis por ningún motivo.

De repente, como caído del cielo, el final se convirtió en un principio. Justo cuando estaban a punto de salir y volver tranquilamente a sus habitaciones, intervino Wimpey con su voz aflautada:

—¿Lo sabe Pilbeam? —preguntó con toda su inocencia, al tiempo que se mordía el labio y le dirigía una mirada asustada a su madre.

—¿Y quién, si es que se puede saber, es Pilbeam? —preguntó el abuelo Mennym.

Vinetta se decidió en aquel instante.

—Creo que es hora de que os hable a todos de Pilbeam. Es una especie de milagro. Con el tiempo, todos nos acostumbraremos y lo aceptaremos como si siempre hubiera sido así; pero, de momento, no hay manera de hacer que la historia no parezca absolutamente fantástica. Debería haber pasado en algún otro momento, en una época tranquila y sin sobresaltos, pero no soy yo quien elige las ocasiones. Casi nunca puedo hacerlo.

Entonces les habló de la muchacha del desván, que era la gemela de Soobie y que llevaba cuarenta años durmiendo. Sólo dos personas más sabían, o llegarían a saber alguna vez, toda la historia del cuerpo encontrado en el baúl. Una de ellas era Soobie, por supuesto. La otra era Joshua, pues su esposa se lo había contado todo en secreto, cosa que siempre hacía. Éste hubiera preferido no saberlo y tampoco quería ver a su nueva hija hasta que ésta estuviese dispuesta para ello.

—¿Lo sabe Joshua? —preguntó Tulip rápidamente, nada más acabar Vinetta.

En lo que a ella se refería, le había sentado muy mal que no se lo hubiesen contado hasta ahora.

—Sí —dijo Vinetta, que, por una vez, se permitió un movimiento de cabeza levemente insolente.

—¿Y cuándo vamos a poder conocer a esta nueva nieta? —preguntó sir Magnus.

—Aún no —dijo Vinetta con firmeza—. Yo decidiré cuándo, o más bien será Pilbeam quien lo haga. Creo que ahora deberíamos irnos todos a la cama. Ya hemos tenido bastantes emociones por hoy.

Con Googles aún acurrucada entre los brazos, Vinetta abrió la marcha sin ni siquiera volver la cabeza.

Los conocimientos innatos

—Quiero hablar con mi nieta... a solas.

Sir Magnus estaba incorporado sobre sus almohadas. Era el mediodía de un día muy gris de principios de febrero. Pilbeam había «salido» y se había presentado ante todos, uno por uno. Vinetta, tras cuarenta años de sometimiento a la farsa de las reuniones familiares en la gran habitación de la parte delantera, se las había arreglado finalmente para imponer un poco de su propia sensatez a aquella familia tan poco manejable.

—No habrá ninguna ceremonia. Mi hija, y os pido que recordéis que se trata de mi hija, no se verá obligada a quedarse de pie en medio de esa habitación mientras media docena de pares de ojos la miran con descaro. Os conocerá a cada uno por separado, y ya tendrá tiempo de saber cómo sois poco a poco.

Joshua apenas abrió la boca, como de costumbre, pero para sus adentros aplaudió la decisión de Vinetta.

Advirtieron al abuelo por anticipado de cómo se iba a producir el encuentro, y no había protestado. Disfrutaba de las reuniones familiares, pero su gran cúmulo de conocimientos le decía que Vinetta tenía razón.

—Pilbeam ya conoce a toda la familia, abuelo; salvo a Appleby, por supuesto —dijo Vinetta, cuando finalmente trajo a la muchacha ante tan impresionante presencia.

—Así que soy el último en conocerla —dijo el anciano.

—Pero también eres el más importante —replicó con tacto su nuera—. Ya sabes que se dice que uno siempre debe dejar lo mejor para el final.

Ablandado, sir Magnus observó a la muchacha que apareció en el umbral. Hubo un cruce de ojos negros.

Pero Pilbeam no lo temía. La mirada era de desafío y en ella había un claro aire de familia.

Fue en ese momento cuando sir Magnus le dijo a Vinetta que se retirara, con el objeto de poder hablar a solas con su nieta.

—Siéntate ahí —le dijo, mientras Vinetta abandonaba la habitación con desgana.

El abuelo hizo una seña hacia el sillón de Tulip, y Pilbeam se sentó.

—¿Qué te parecemos? —le preguntó.

Los bigotes blancos se estremecieron mientras el abuelo aguardaba una respuesta aguda para aquella aguda pregunta. Ahora ya se acordaba de Pilbeam, la más sincera de todos, la gemela de Soobie. En otros tiempos, antes de que la edad y la enfermedad le hubieran confinado en el lecho, había jugado con ella en el jardín y había empujado su columpio. Era una niña muy bonita y muy simpática.

—Sois mi familia —dijo Pilbeam con sencillez—. ¿Qué me vais a parecer?

—¿Eso te lo han dicho o es un conocimiento innato?

A Pilbeam le agradó la pregunta, porque le permitía explayarse en la respuesta.

—Sí, abuelo, he nacido sabiendo muchísimas cosas. Sé que sois mi familia, igual que sé que esta mano es mía. Tengo vagos recuerdos de cuando era niña, pero sé que todos deben de ser ficciones que me han introducido después. Llevo meses sentada en el desván tratando de entenderlo todo. Hay cosas que nací sabiendo de forma inexplicable; cosas que mamá y Soobie me han explicado, y un millar de cosas que no sé aún. Conozco algunas que no debería saber. Ignoro otras que deberían ser de puro sentido común y conocimiento general.

—¿Conoces la ciudad en la que vivimos? —preguntó el abuelo—. ¿Sabes algo de lo que hay más allá de esta casa?

—Sí —dijo Pilbeam con vehemencia, aliviada de poder hablar con alguien cuya inteligencia le permitía hacer las preguntas adecuadas—. Conozco la ciudad como la palma de mi mano. Sé dónde están el mercadillo y los grandes almacenes, y la oficina de correos. Y, sin embargo, me sorprendió saber que las puertas son rectangulares y no con forma de cuña, como la del desván.

—Se trata del proceso de adaptación —murmuró el abuelo—. Llevas cuarenta años durmiendo y ahora te estás ajustando a la realidad. ¿Has soñado?

—No —dijo Pilbeam—, o si lo hice, debo de haberme olvidado. Sí tengo un recuerdo vago e inquietante de estar mirando el rostro de Soobie como si fuera lo primero que veía en mi vida. Sin embargo, recuerdo el parque y el lago, y cómo les dábamos de comer a las aves. Me duele pensar en esas cosas. No soy lo bastante lista para entenderlo, aunque creo que nadie lo podría conseguir.

—Adaptación —repitió el abuelo—. Sin embargo, quizá lo mejor sea que te olvides de las paradojas. Todos llevamos viviendo durante tanto tiempo con paradojas de ese estilo, que ya nos hemos adaptado a ellas por completo.

—Soobie no —lo interrumpió Pilbeam.

—No le hagas ningún caso a Soobie —le aconsejó el abuelo—. La introspección excesiva no le hace ningún bien a nadie. Basta con saber que estamos en este mundo, pero que no formamos parte de él. ¿Aún vives en el desván?

—Por supuesto —dijo Pilbeam, levantando la barbilla en actitud defensiva—. Ése es mi lugar.

Magnus se incorporó aún más sobre las almohadas, echándose hacia delante y agarrando el bastón para dar un golpe fuerte en el suelo.

—Puedes estar bien segura de que ése no es tu sitio, jovencita. Vives en esta casa con tu familia. La tuya es la habitación de al lado de la de Appleby, y siempre lo ha sido. Y no estoy dispuesto a oír más tonterías de adolescentes que se quedan dándole vueltas a la cabeza en el desván. Si te quedas ahí, nunca podrás adaptarte.

En ese momento, entró Vinetta.

—¿Querías algo, Magnus? —preguntó.

—¿Qué? —dijo el abuelo, alzando la voz.

—Has dado un golpe con el bastón y he pensado que querrías algo.

—Llévate a esta chica a su habitación —le ordenó—. Y asegúrate de que no vuelve al desván. Tú misma deberías haberte dado cuenta de que ese sitio no le sienta nada bien —y, dirigiéndose a Pilbeam, añadió en un tono de voz más amable—: Cuando te hayas acostumbrado a tu habitación, vuelve aquí. Tengo algunas cartas que quiero que eches al correo... Pero mientras tanto, podrías ir a buscarme el periódico. Ya va siendo hora de que seas útil.

Vinetta adoptó una expresión horrorizada.

—No pasa nada —dijo Pilbeam, mirando a su madre con una firmeza y una confianza que le recordó a la de Soobie—. Sé lo que tengo que hacer. Me pondré las gafas con cristales teñidos y me protegeré con mi paraguas rosa. Parece que va a llover.

—¿Las gafas con cristales teñidos? —preguntó Vinetta—. ¿Tu paraguas rosa?

—Sí —dijo Pilbeam—, están en mi habitación.

—¿Tu habitación? —dijo Vinetta, volviendo a hacer de eco.

—La de al lado de Appleby. Es mi habitación. Siempre ha sido mía.

Vinetta también necesitaba adaptarse.

—Claro, por supuesto —dijo—. ¿En qué estaría yo pensando?

***

En un periodo de tiempo sorprendentemente breve, Pilbeam se convirtió en parte de la familia, como si siempre hubiera estado con ellos. Algunos miembros trataron de actuar con tacto fingiendo que nunca había estado dormida en el desván; otros, más dotados para las ficciones, se olvidaron absolutamente de ese detalle. En el proceso de adaptación conjunto, aquella muchacha elegante de pelo negro como el carbón y ojos capaces de echar chispas desarrolló un pasado tan completo como el que tenía cualquiera de ellos. Todos pusieron algo de su parte, introduciendo a Pilbeam en la historia de la familia, hasta que se convirtió en parte de la misma.

El procedimiento fue muy complejo porque, al igual que ellos, Pilbeam recordaba haber sido la niña que nunca fue; pero a diferencia de los demás, su memoria también tenía que inventarse experiencias que cubrieran los últimos cuarenta años. Sin embargo, todos cooperaron como si se tratase de una cuestión familiar.

—¿Te acuerdas de cuando papá hizo de Santa Claus? —preguntó Wimpey un día.

—Sí —dijo Pilbeam, con toda sinceridad—, y Appleby os llevó a los dos a verlo. Le dije que no lo hiciera, pero se negó a hacerme caso.

Y Wimpey recordó perfectamente la discusión y la exasperación mostrada por Pilbeam. El largo sueño del desván jamás había tenido lugar. Pilbeam siempre había estado con ellos.

Los progresos de Appleby

La familia no había dejado que Pilbeam fuera a ver a Appleby. La puerta del armario de orear había permanecido firmemente cerrada todo el tiempo.

—Lo entiendes, ¿verdad, querida Pilbeam? —le dijo Vinetta—. No sería justo dejar que la vieras tal como se encuentra ahora. Dentro de poco estará lista para conocerte.

—¿Sabe que existo? —preguntó Pilbeam.

Vinetta lanzó un suspiro. La vida se había complicado mucho últimamente. Era como intentar coser con doce agujas distintas.

—La verdad es que no lo sé —respondió—. He intentado contárselo, pero no sé si ha podido escucharme. Parece estar en una especie de coma. Voy a verla dos o tres veces al día y le hablo, pero ella nunca responde. Aún rezuma un poco de agua por los brazos cuando se los aprieto, y hemos cambiado las toallas de baño que tiene debajo de la silla una vez a la semana. Ahora están más secas que al principio, por supuesto, pero siguen estando algo húmedas.

—Ojalá pudiera yo ayudar en algo —dijo Pilbeam.

—Ya te tocará a ti el turno —dijo Vinetta con agudeza—. Cuando esté mejor, se alegrará de tener una amiga. Podría incluso ser la solución para Appleby. La tía Kate siempre quiso que las dos fuerais amigas. Los recuerdos de mis conocimientos innatos se están ampliando para dar cabida a vuestra amistad.

—Lo sé —dijo Pilbeam con gran énfasis—. A mí me está sucediendo lo mismo. Todo será mucho más fácil cuando vuelva a ponerse buena, porque las cosas encajarán mejor en su sitio. No soporto tener que fingir. Ojalá todas las ficciones fueran ya sólo un recuerdo del pasado.

En los meses que había permanecido en el armario, Appleby no había hablado ni una sola vez. La campanilla de bronce que descansaba en el suelo junto a su silla nunca había tintineado. No había hecho intento alguno de comunicarse con nadie. Vinetta estaba preocupada, pero las preocupaciones no llevaban a ninguna parte.

De repente, un buen día, hacia finales de marzo, surgió un rayito de esperanza. Las toallas del suelo aparecieron, por vez primera, absolutamente secas.

Era media mañana. Todos los demás habitantes de la casa estaban enfrascados en sus propios asuntos. Vinetta siempre comprobaba que fuera de este modo antes de ir a ver a Appleby. La puerta del armario estaba abierta y la luz de la ventana del rellano iluminaba a la joven, que parecía inmaculadamente limpia y, al menos por fuera, absolutamente seca. La muchacha giró la cabeza y miró a su madre. El gesto fue tan inesperado que Vinetta se sobresaltó.

—¡Me estás mirando! —exclamó—. ¡Me estás mirando de verdad!

La mirada de Appleby se quedó en blanco, y las esperanzas de Vinetta se vinieron abajo. La cabeza había girado claramente, los ojos habían parpadeado con inteligencia. Pero todo eso se había vuelto a desvanecer como el humo.

Justo cuando Vinetta estaba cerrando la puerta, una vocecilla, un poco extraña y cascada, dijo:

—Creo que ahora me iré a mi habitación.

Esta vez, Vinetta tuvo buen cuidado de no demostrar sorpresa alguna. Abrió la puerta de par en par y agarró a Appleby del brazo derecho.

—Déjame que te ayude —dijo, con una voz en la que se aunaban la solidaridad y el tono práctico.

Sin decir nada más, llevó a su hija a su habitación y la tendió en su cama.

—Voy a por tu silla —le dijo luego, tratando de que todo volviera a la normalidad.

—No —dijo Appleby con expresión irritada—. No quiero volver a ver esa silla en mi vida. Cómprame otra.

—Te compraré lo que quieras —le prometió su madre, sin saber lo que decía—. Tengo que ir a decirles a los demás que te encuentras mejor. Hemos estado muy preocupados por ti.

—No les dejes entrar aquí —replicó Appleby en tono cortante—. No quiero ver a ninguno aún. Y tampoco te quiero ver a ti. Vete… y no vuelvas.

¡Era la Appleby de siempre, de eso no cabía duda! Después de todo lo que había hecho, cualquier otro se hubiera mostrado tímido al menos, avergonzado, culpable, agradable… Pero no Appleby Mennym. Ella seguía siendo tan protestona, desagradable e independiente como siempre.

Vinetta dejó la habitación sin pronunciar palabra, pero volvió unos segundos después con la campanilla de Tulip y la depositó sobre la mesilla de noche, junto a la cama de Appleby.

—Si quieres algo —dijo—, no tienes más que tocarla.

Vinetta sentía fuertes deseos de abrazar a su hija y alegrarse de que por fin se estuviera recuperando, pero los ojos verdes arrojaron chispas y le advirtieron que más le valía mantener las distancias. Vinetta parecía un perrillo fiel: feliz, pero muy dolido. Tras unos instantes de reflexión, el dolor podía convertirse en ira; pero la pena agridulce de momento se llevaba la palma.

—De acuerdo, de acuerdo —dijo Appleby, observando con incomodidad el rostro triste de su madre—. Ahora puedes irte y dejarme sola.

La Navidad había llegado y se había ido durante el tiempo que Appleby pasó en el armario de orear. Fue una Navidad muy triste, sin regalos ni celebraciones. Soobie, sin decirle nada a nadie, había ido a la iglesia y se las había arreglado para encender una vela. Eso fue todo. Ahora ya había llegado la Pascua, mientras Appleby continuaba en su habitación y la campana seguía sin sonar.

—No vayas a verla —le aconsejó sir Magnus a Vinetta, cuando le habló de la dureza de Appleby—; sólo conseguirías provocarla aún más. Ya saldrá cuando esté lista. Y lo hará antes si cree que nadie le hace ni el menor caso.

—Pero ha estado enferma —se quejó Vinetta—. Ha estado muy enferma. Ninguno de nosotros lo había estado nunca tanto.

—Ahora se está recuperando —dijo su abuelo—. Si le ha dado por comportarse con descaro hacia ti, es que está ya camino de recuperar la salud. Ahora lo único que tienes que hacer es esperar.

—Podría llevarle un poco de caldo de mentira —sugirió Vinetta—. A Appleby siempre le han gustado ese tipo de ficciones.

—No —insistió sir Magnus—, espera. No hagas nada. Sé paciente.

—Esperar no es fácil —dijo Vinetta.

—No debe serlo para ella tampoco —respondió sir Magnus con agudeza—. Ahora debes dejarme. Tengo trabajo. Mi editor no ha mostrado demasiado interés por recibir un artículo sobre la vida y andanzas de Appleby Mennym.

Más cartas

Sir Magnus fue el primero en pensarlo. Una tarde, a principios de abril, llamó a Tulip.

—Toma esto —le dijo—, y haz el favor de pasarlo por debajo de la puerta de Appleby. No entres. No llames siquiera.

Se trataba de un pequeño sobre marrón en el que, con una limpia y cuidada caligrafía, había escrito: «Señorita Appleby Mennym».

Tulip enarcó las cejas, pero no dijo nada. Al pasar ante la habitación de Appleby, deslizó la carta por debajo de la puerta. Con su rapidez habitual, siguió andando sin detenerse, decidida a ocuparse de sus propios asuntos. Vinetta, sin duda, hubiera aguardado y esperado a ver si se oían ruidos procedentes de la habitación, pero Tulip era diferente.

Appleby, que estaba acostada en la cama y se aburría cada vez más cada minuto que pasaba, vio que el sobre entraba por debajo de la puerta, pero aguardó al menos media hora antes de ir a recogerlo. No iba a darles la satisfacción de oírla moverse, si era eso lo que esperaban. No se fiaba de ninguno de ellos.

«Mi queridísima nieta», leyó, cuando por fin decidió abrirla, «por favor, ya basta de todas estas tonterías. Tu madre se está poniendo enferma de preocupación. Piensa con un poco de sensatez y vuelve a unirte a la familia. Te aseguro que nadie hará ningún comentario sobre el pasado; no habrá recriminaciones, y nadie mencionará nunca el nombre de Albert Pond.

Tu abuelo que te quiere:

MAGNUS MENNYM.»

—¡Eso no se lo cree ni el bobo más bobo! —exclamó Appleby—. En cuanto salga por esa puerta, todos empezarán con: «¿Por qué lo hiciste?», «¿adónde fuiste cuando te marchaste?», «¿cómo te ensuciaste tanto?», y a los gemelos a lo mejor hasta incluso se les ocurre preguntarme si ha sido divertido.

Appleby tomó el papel de correo aéreo, del que aún le quedaba una buena cantidad, arrancó una fina hoja azul y con grandes letras escribió las siguientes palabras: «Que te zurzan».

A continuación, metió la hoja en un sobre aéreo y lo dirigió, con su mejor caligrafía, a «Sir Magnus Mennym».

Fue Vinetta la que recogió el sobre de camino a la habitación del abuelo al final de la tarde, justo después de la hora familiar.

Sir Magnus tomó su abrecartas de plata y la abrió con parsimonia. Al leer el contenido, casi se levantó de un salto de lo furioso que se puso.

—Tendremos que celebrar una reunión —gritó—. Dile a todo el mundo que venga aquí ahora, de inmediato. A la señorita Quigley también.

Vinetta pudo ver las palabras escritas en el papel cuando el abuelo lo dejó caer revoloteando al suelo, y reunió el valor para decir lo que tenía que decir.

—No va a haber ninguna reunión. Ya ha habido demasiadas. Déjamelo a mí. La escribiré. Evidentemente, está dispuesta a leer cartas y a contestarlas, por muy desafortunadas que sean sus respuestas.

Sir Magnus seguía furioso.

—Una reunión... —dijo, casi tartamudeando de rabia, con las cuentas negras que le hacían de ojos a punto de saltarle de la cara.

—¡Basta ya! —dijo Vinetta en tono cortante—. Si no te calmas, puede que seas el primer muñeco de trapo de la historia que muera de un ataque al corazón. Déjamelo a mí. Sé lo que me hago.

La siguiente carta que recibió Appleby estaba firmada por su madre.

Querida Appleby:

No voy a detenerme a comentar nada que puedas haber hecho mal. No puedo ser tu juez. Ni siquiera puedo reunir la condescendencia necesaria para perdonarte. ¿Cómo saber qué hay que perdonar?

Lo único que te puedo ofrecer es mi amor incondicional. Y si te decides a salir, no te diremos nada sobre el pasado, ni por mi parte ni por parte de nadie. Sin duda, el abuelo te ha hecho una promesa similar. Pero hay una diferencia: yo me aseguraré, absolutamente, de que la promesa se cumpla. Hasta ahora nunca me había dado cuenta de cuánto poder tengo en esta familia. Puedo hacer que todos se contengan, y lo haré.

Si algún día quieres hablarme de lo sucedido, me alegrará poder escucharte; pero serás tú la que tengas que hablar primero. Yo nunca volveré a abordar el asunto. La verdad es un don sólo tuyo. Eres tú quien tendrá que decidir guardarla o confesársela a quien prefieras. Nadie te hará nunca ninguna pregunta. Podemos fingir que nunca ha sucedido, si eso es lo que quieres.

Por favor, únete a nosotros. Te amamos. No te conviertas en una extraña para la familia.

MAMÁ

***

Appleby sollozó al leer la carta. La leyó dos o tres veces y luego la guardó en un cajón.

Volvió a echar mano del papel, y en él escribió simplemente dos palabras: «No puedo».

Fue Pilbeam la que encontró la carta aérea dirigida a Vinetta. Bajó las escaleras corriendo y la llevó a la cocina, donde Vinetta estaba ocupada planchando.

—Sigue sin querer salir —dijo entonces Vinetta con un suspiro.

Pilbeam, que miraba por encima del hombro de su madre, la corrigió.

—No dice «no quiero», sino «no puedo».

—Viene a ser lo mismo.

—No, de eso nada. Dice «no puedo», y creo que lo dice en serio. Casi la entiendo. Es mi hermana, al fin y al cabo, y está más cerca de mi edad que la de cualquier otro.

—Pero no la conoces —dijo Vinetta con amargura.

—Sí que la conozco —afirmó Pilbeam, con una repentina claridad de ideas—. He nacido conociéndola.

Nada más pronunciar esas palabras, el paso siguiente le pareció obvio.

—Voy a subir a verla —dijo.

—No —dijo Vinetta con ansiedad.

Pero Pilbeam ya estaba fuera de la cocina y a mitad del primer tramo de escaleras. Vinetta la siguió rápidamente, y ambas se detuvieron ante la puerta de Appleby. Pilbeam llamó una vez, con bastante firmeza. No hubo respuesta, así que abrió la puerta.

—¿Quién eres tú? —chilló Appleby—. Sal de aquí. Ésta es mi habitación.

—Soy Pilbeam —respondió ella sin amilanarse—. Soy tu hermana, la gemela de Soobie. Sabes perfectamente quién soy, así que ya puedes dejar de hacer el idiota.

Pilbeam entró en la habitación, mientras Vinetta, que seguía en el rellano, tuvo el buen juicio de no seguirla. Por el contrario, cerró la puerta y, no sin reparos, las dejó a las dos solas para que arreglaran las cosas.

***

Al día siguiente, Appleby se volvió a unir a la familia. La joven recuperó su antigua personalidad descarada y ácida. No hubo disculpas, ni siquiera explicaciones. Nadie mencionó a Albert Pond. Para bien o para mal, eso era lo que había decretado Vinetta, y todo el mundo se vio obligado a prometerlo. Era su parte del acuerdo; como el antiguo alquiler de la casa, que favorecía con mucho al dueño. En este caso, la dueña era Appleby, y la propiedad, el amor incondicional de su madre.

Las defensoras de la señorita Quigley

—La señorita Quigley ya no viene nunca a visitarnos —dijo Pilbeam, que continuaba con el proceso de asimilación de todo lo que le habían contado y de todo aquello que, dada la experiencia adquirida durante sus ficticios dieciséis años de vida, había nacido sabiendo.

Era un día frío de mayo, y ella y Appleby estaban sentadas en la sala de estar. Las dos adolescentes se habían procurado su propio rinconcito, bien lejos de la cristalera de Soobie y bien lejos de la chimenea donde los adultos tenían sus propios asientos. En la esquina en la que estaban sentadas habían colocado la mesa redonda con pies de garra, traída del desván, con dos cómodos sillones de mimbre con respaldos muy altos y curvados que les había comprado Vinetta por catálogo. Una larga y estrecha ventana lateral les proporcionaba una vista sobre el sendero que discurría junto a la fachada.

—Pues es verdad —asintió Appleby—. No he visto a la señorita Quigley desde hace... bueno, desde hace siglos. Antes venía por lo menos un par de veces al mes.

De hecho, la señorita Quigley no había salido de su armario desde la última reunión convocada por el abuelo Mennym. Había dicho que nunca volvería si no era con invitación, y aquella mujer, que siempre se ajustaba al máximo a lo que dicta el protocolo, estaba decidida a esperar ser invitada, por mucho que esto tardara en producirse.

«Para ellos es como si estuviese muerta», se dijo, con el paso de las semanas. «Poco les importaría.»

—Podría estar muerta —dijo Pilbeam.

En realidad, no sabía muy bien lo que significaba estar muerto. Era algo que sucedía en los libros. La tía Kate había fallecido, pero nadie se acordaba de eso.

—Vamos a preguntarle a mamá —sugirió Appleby—. Al fin y al cabo, es «amiga» suya.

Vinetta estaba en la cocina, fingiendo que preparaba una tarta.

—¿Qué sucede? —preguntó, mientras removía la masa, con la cuchara de madera en la mano y el cuenco de loza entre el brazo y la cintura.

—Nos preguntábamos qué le pasará a la señorita Quigley —comenzó a decir Pilbeam.

—¡Vaya por Dios! —exclamó Vinetta, tan sorprendida como si se hubiera dejado algo quemándose en el horno—. Me había olvidado de ella por completo. Lleva siglos sin aparecer por aquí. Le escribiré una nota como es debido para invitarla a tomar el té. Eso le gustará.

—No —dijo Pilbeam, que podía ser tan directa como su gemelo en algunas ocasiones—. Sabes perfectamente que estará sentada en el armario del vestíbulo y que, casi con toda seguridad, se siente absolutamente desgraciada. ¿Qué derecho tenemos a olvidarla? Es una vergüenza. Debería tener una habitación en la casa... La hicieron aquí, igual que a nosotros.

—No queda ninguna habitación —dijo Vinetta, sin saber muy bien lo que decía.

A continuación, depositó el cuenco sobre la mesa de la cocina y, ruidosamente, dejó caer dentro la cuchara de madera.

—Sí que queda una —dijo Appleby, dispuesta a apoyar a su hermana—. Hay una habitación de invitados debajo de la de Pilbeam.

—Ésa es la habitación de invitados —se quejó Vinetta—, y está pensada para las visitas ocasionales.

—Nunca tenemos visitas. Jamás había oído una tontería tan grande —dijo Pilbeam, alzando la voz y con una expresión de verdadero enfado.

Vinetta se encontró frente a aquellas dos adolescentes unidas, que le dirigían miradas claramente acusatorias. Y como a veces no sirve nada más que la verdad, Vinetta se retorció las manos, y habló:

—No les gusta. El abuelo Mennym no la soporta. Luego se siente culpable precisamente por eso y siempre insiste en que se le digan las cosas, pero lo saca de quicio. Tulip dice que sólo puede digerirla en dosis pequeñas. A los gemelos les aterra hacer ruido cuando viene a vernos. Y tu padre nunca abre la boca cuando está presente.

—Papá nunca abre la boca, haya quien haya presente —dijo Pilbeam en tono burlón, recordando cómo la había mirado cuando se habían visto por primera vez.

—¿Todo va bien? —le había preguntado, no sin cierta timidez.

—Sí —dijo Pilbeam; porque, ¿qué iba a decir si no?

—Pues me alegro —concluyó Joshua, antes de sentarse en el sillón a leer el periódico y chupar su pipa apagada.

A Pilbeam no le había importado la brevedad. En el fondo, se trataba de una aceptación cómoda y tácita de su presencia. Incluso así, se sentía con derecho a burlarse un poco.

—Y en cuanto a los otros —dijo Appleby en tono incisivo—, te aseguro que no son mejores que ella. Nosotras mismas no somos mejores. Todos sacamos de quicio a los demás de vez en cuando.

Se trataba de un pensamiento muy maduro para venir de Appleby, aunque Vinetta decidió no hacer el menor caso.

—No puede vivir en esta casa —insistió—. No forma, y nunca ha formado, parte de la familia.

—Es terrible —estalló Pilbeam—. Eres horrible y no me importa que seas mi madre. Por ti, esa pobre mujer podría estar encerrada toda la vida en un armario, y te limitarías a ser agradable cuando a ti te venga bien. Es increíble.

A Vinetta le resultó sumamente difícil aceptarlo. Así venía siendo desde hacía cuarenta años. La señorita Quigley nunca había puesto ninguna objeción. En una ocasión, había pasado un fin de semana en la misma habitación de invitados que ahora le proponían como alojamiento permanente. Al principio fue una ficción agradable, pero la visitante había acabado por irritar a todo el mundo porque hablaba demasiado y se entrometía en todo, aunque luego se deshacía en disculpas, para después, de forma inevitable, volver a entrometerse.

—¿Cuándo vuelve a la calle «Trevicky»? —había preguntado Wimpey, en un susurro teatral.

La señorita Quigley lo había oído, tal como en el fondo se había pretendido, pero no había dicho nada. En menos de una hora había aparecido en el vestíbulo con su bolsa de viaje en la mano.

—Debo irme a casa —le había dicho a Vinetta—. Tengo muchísimas cosas que hacer, pero ha sido un fin de semana maravilloso. He disfrutado cada instante; sin embargo, una no debe quedarse hasta el punto de acabar haciéndose pesada.

—Tonterías —dijo Vinetta, al tiempo que le abría la puerta delantera—. Ya sabes que nos encanta recibirte, Hortensia. Debes volver en cuanto tengas tiempo.

—Ya veremos —dijo la señorita Quigley sin mucho énfasis—. Es difícil dejar la casa, y tú lo sabes bien. No puedo estar pidiéndoles siempre a los vecinos que se ocupen de las plantas y del gato.

Eso había sucedido hacía quince años. Nunca había vuelto a dormir en el piso de arriba.

—De todas formas, la señorita Quigley no querría vivir aquí —dijo Vinetta, pisando ahora un terreno más sólido—. Es demasiado orgullosa para aceptar un acto de caridad.

—Sí vendría si la hiciéramos sentirse útil —dijo Pilbeam con astucia.

—Pues tú me dirás cómo iba a ser útil —dijo entonces Vinetta, en tono lúgubre.

—Podría cuidar de Googles por ti. Podría ser una especie de niñera —sugirió Pilbeam.

—No necesito ninguna niñera. Puedo cuidar del pequeño Googles yo sola.

—Eso será cuando te acuerdas —dijo Appleby en tono sarcástico—. Siempre estás muy ocupada haciendo de ama de casa o sentada ante tu máquina de coser. Nunca te diviertes. Googles se queda ahí tumbada todo el día y tú ni siquiera le hablas. Lo único que haces es cumplir con el ritual de darle el biberón y cambiarle los pañales, para luego dejarla otra vez tirada en la cuna como si se tratara de un saco de patatas.

Vinetta se enfureció.

—Es un bebé muy bueno. No es difícil cuidarla. Y ya que estamos, a ti nunca te he visto hacerle ni el más mínimo caso.

—¿Por qué iba a hacerle caso? No es mía. Tengo muchas cosas que hacer. Te estoy diciendo que deberías ofrecerle el trabajo a la señorita Quigley.

—Estoy de acuerdo —dijo Pilbeam—. Es la mejor solución. A Googles le gustaría. A lo mejor hasta aprende a hablar.

Vinetta adoptó una expresión culpable.

—No puede hablar. Sólo tiene seis meses.

—Podría cumplir los nueve meses. No tiene por qué quedarse siempre estancada. Yo a veces tengo catorce años y otras veces quince —intervino Appleby, con desacostumbrada sinceridad.

La mayor grieta de la armadura de Vinetta consistía en que siempre se había creído una madre perfecta: protectora, eficaz y, sobre todo, justa y razonable. Por eso, le resultaba incómodo aceptar el hecho de que no había sido perfecta con Googles; pero la parte justa y razonable de su carácter la obligaba a prestar atención a los argumentos de sus hijas. Finalmente, cedió y, como de costumbre, se impuso a sí misma la tarea de reconciliar al resto de la casa con lo inevitable. Todos se mostraron sorprendentemente flexibles y tolerantes cuando lo planteó directamente.

—Muchas veces he pensado que no debería vivir ahí —dijo la abuela Tulip, sin especificar si se refería a la calle Trevethick o al armario—, y a ti siempre te ha gustado, Vinetta. Es como si formara parte de la familia.

—Si viviese aquí —razonó Poopie—, no tendríamos que estar callados todo el tiempo, porque ya no sería una visitante, ¿verdad?

—De todas formas, me gusta —dijo Wimpey—, y nunca he dicho lo contrario, ¿o sí?

—Ya iba siendo hora —se limitó a decir Soobie, sin ninguna diplomacia—. Fingir que ese armario es la calle Trevethick es la ficción más descabellada que he tenido que aceptar en toda mi vida.

El abuelo Mennym albergaba algunas reservas, pero las expresó con tacto:

—Creo que la asusto un poco, pero no tiene por qué entrar en mi habitación. Últimamente, hay pocas reuniones y, además, se dan muy de tarde en tarde.

Joshua fue la única voz abiertamente disidente.

—Es demasiado quisquillosa, Vinetta; y no me podréis decir que no habla demasiado.

Joshua era el único miembro de la familia al que no le hubiera importado pasar semanas enteras en el armario del vestíbulo, por lo que era más difícil hacer que se sintiera culpable.

—No tendrá que hablar tanto —trató de persuadirlo Vinetta—, porque ya no pasará mucho tiempo sola. Y además, va a venir te pongas como te pongas. Así que más te vale ir haciéndote a la idea.

La llegada de la señorita Quigley

Poco después, la señorita Quigley ocupó la habitación de Soobie.

—¿Estás seguro de que no te importa, cariño? —le había preguntado Vinetta con ansiedad.

—Por supuesto que no me importa. Al fin y al cabo, me he ofrecido yo voluntariamente, ¿o no? Era evidente que no podíamos acomodarla en el mismo piso que a los gemelos... Hubieran saltado chispas. Y no les vas a pedir ni a Appleby ni a Pilbeam que se muden abajo. Yo soy el único al que podías trasladar.

—Pero esa habitación siempre ha sido tuya —insistió Vinetta.

—Mamá, ya empiezas a parecerte a la señorita Quigley. Una habitación no es más que una habitación. De verdad que no me importa cuál sea. Además, así hay que subir un piso menos —dijo en tono de broma.

La señorita Quigley se mostró agradecida, pero, sorprendentemente, no en exceso. Si esperaban que se deshiciera en agradecimientos, estaban muy equivocados.

—No volveré a ser una visitante aquí —dijo con satisfacción—. Si deseo regresar a la calle Trevethick, será para unas cortas vacaciones. Porque tendré derecho a vacaciones, ¿no? Igual que todos los empleados.

A Vinetta le sorprendió el tono práctico con el que se enfrentaba a su nueva situación. Ella y Tulip acordaron un sueldo razonable, en el que se incluía la manutención, y que habría que ingresar cada mes en la cuenta bancaria de la señorita Quigley.

—Y necesitaré tiempo para mí —añadió—, para poder dedicarlo a mis gustos y aficiones.

—Me alegro por ella. Ya iba siendo hora de que pisara firme —se limitó a decir sir Magnus, cuando le contaron cómo la mosquita muerta había resultado ser una leona.

Cuando por fin se incorporó a su puesto a principios de junio, Appleby y Pilbeam colocaron un jarrón lleno de rosas en su habitación.

—Son preciosas —les dijo—. Muchísimas gracias por el detalle; pero debéis recordar que ya no soy una invitada, sino una empleada de vuestra madre.

Las chicas parecieron un tanto desilusionadas. La señorita Quigley era su protegida. Ellas eran las responsables de que hubiera venido a vivir a casa, y habían supuesto que seguirían protegiendo sus intereses y cuidando de ella en lo sucesivo.

La señorita Quigley vio la desilusión dibujada en sus rostros y les dirigió la clase de sonrisa que una adulta guarda para los niños.

—Me encanta el recibimiento que me habéis preparado —les dijo—. Sois muy buenas chicas. Vuestra madre debe de estar orgullosa de vosotras.

—¿Le podemos ayudar a...?

Fuera cual fuese la oferta de Appleby, la señorita Quigley la cortó en seco.

—No necesito ayuda, pequeñas. Aunque os agradezco el ofrecimiento.

Para Vinetta, la señorita Quigley siguió siendo Hortensia, y además insistió en que su nueva empleada siguiese llamándola Vinetta, como siempre había hecho.

—¿No sería más adecuado «señora»? —había preguntado Hortensia, en tono de duda.

—No, en absoluto, Hortensia. Ya no vivimos en el siglo XIX. Estás haciendo un trabajo y yo te lo pago; pero aparte de eso, seguimos siendo amigas.

Y lo eran. A partir de entonces se hicieron mejores amigas que nunca y comenzaron a sentarse juntas y a idear todo tipo de planes.

Durante sus días libres, la señorita Quigley solía salir a la calle. Muy pronto quedó claro que le gustaba salir tanto como a Appleby en sus etapas más callejeras. Y no sólo eso, sino que, además, era genial en el arte de pasar inadvertida. Y es que nadie le presta demasiada atención a una mujer madura vestida sin gracia, con ropa pasada de moda; pero, por si eso no bastara, Hortensia Quigley tenía un don extraño y especial para desviar la atención de su persona. En realidad, nadie la veía nunca, porque ella se aseguraba de que nadie la mirase.

Así, empezó a ir de compras, se apuntó a la biblioteca pública y un buen día trajo a casa unos paquetes rectangulares muy grandes.

—Parecen interesantes —había dicho Vinetta, al verla en la puerta, mientras la ayudaba a llevarlos.

Sin embargo, no había osado decir nada más. La nueva señorita Quigley no admitía intromisiones. Había vivido durante demasiado tiempo en el armario del vestíbulo como para sentir necesidad alguna de contar las cosas o para permitir que nadie la interrogara.

—Son mis cosas de arte —le dijo brevemente—. Ahora podré volver a pintar.

Y, naturalmente, Vinetta no volvió a decir nada.

Incluso después de haber instalado el caballete en el jardín trasero una tarde cálida y soleada, pasó algún tiempo antes de que nadie se acercara a mirar lo que estaba haciendo aquella mujer sentada en su banqueta plegable, cubierta con un traje fino y floreado y una rebeca verde pálido, con los cabellos, finos y castaños, formando un moño perfecto y absurdamente pequeño. El sol caía sobre sus hombros encogidos, y las manos grises y enguantadas hasta los dedos sostenían hábilmente la paleta y cambiaban de pincel con un aire muy profesional.

La señorita Quigley estaba pintando un cuadro del cielo, que aparecía en primer plano, impávido tras las ramas frondosas de un árbol. Pero el cielo se extendía a lo lejos, mucho más arriba que el árbol, empequeñeciéndolo. Era un firmamento lleno de emoción, con rayos de luz esperanzadora y sombras como rostros airados. Era un cuadro curioso, inestable y vagamente opresivo.

—Es precioso, señorita Quigley, aunque asusta un poco. Ha hecho que el cielo parezca —dijo Pilbeam, cuando se atrevió a mirar finalmente por encima del hombro, para detenerse buscando la palabra adecuada—... mucho más importante que el árbol.

—Es que el cielo es más importante que el árbol. Has sido muy hábil dándote cuenta, Pilbeam. Soy lo que podría llamarse una pintora simbolista. Un poco de simbolismo nunca viene mal, ¿no te parece?

El rostro vulgar de Hortensia Quigley brilló gracias a la mejor sonrisa que era capaz de articular una dama de su edad y temperamento. Pilbeam no la entendió muy bien; se sintió un poco sobresaltada por la sonrisa, pero no dijo nada más.

Nadie le preguntó nunca a la señorita Quigley cómo había aprendido a pintar. En aquella casa se trataba de una pregunta innecesaria. Evidentemente, era un conocimiento innato.

En su labor como niñera de Googles, demostró otra faceta de su naturaleza. La regularidad era importante, tal como cabía esperar incluso de la vieja señorita Quigley; pero nadie había esperado que se preocupara de una forma tan personal del bienestar del bebé. La señorita Quigley se la llevaba al parque, algo que Vinetta jamás había osado hacer porque tenía miedo de que los extraños pudieran dirigir sus miradas hacia el cochecito. Sin embargo, esos temores no asaltaban a la señorita Quigley. También le compró al bebé algunos bonitos regalos: prismas y móviles, discos que zumbaban y relojes que hacían «tic-tac» y cantaban. Googles se volvió más real. Es cierto que ahora lloraba más, pero también se reía más, con una risa sincera y satisfecha que, por otro lado, resultaba contagiosa.

—No entiendo cómo nos las hemos podido arreglar sin Hortensia —le dijo Vinetta a Joshua una tarde, mientras estaban sentados en la sala de estar.

Hortensia y el bebé sólo aparecieron durante cinco minutos, justo antes de que Joshua se fuera a trabajar, para que Googles pudiera decir: «Babá... babá», y se despidiera con un ademán.

—Es buena con el bebé —dijo Joshua, mostrándose de acuerdo—. Eso te lo garantizo.

Aquello era una aprobación a regañadientes. Joshua, en su momento, se había opuesto a traer a aquella tonta a la casa; pero hasta él tenía que reconocer que todo había salido mejor de lo que cabía esperar.

Tulip pronto se hizo a la idea de tener a la señorita Quigley en nómina, por así decirlo. Hacía muy bien su trabajo. Si alguna vez sentía una punzada de celos de que una extraña se hubiera apoderado tan claramente del corazón del bebé, sabía cómo suprimir una idea tan indigna.

Poopie y Wimpey actuaban como si la señorita Quigley no existiera; trato que ella les devolvía. No la pagaban para cuidar de ellos, no formaba parte de sus deberes y no tenía ninguna intención de dejarse explotar.

La señorita Quigley no veía nunca a sir Magnus, pese a que sus habitaciones estaban en el mismo piso. Al anciano le gustaba lo que oía de ella últimamente, pero aun así prefería no tener que verla. «No puede haber cambiado tanto», pensaba. Por eso, le bastaba con observar sus nuevos logros desde lejos: el cuadro *Nubes antes de la tormenta* colgaba sobre la chimenea de su habitación, si bien lo había pagado con un cheque acompañado de una nota en la que expresaba su aprobación y gratitud.

El último capítulo

—Yo me inventé a Albert Pond. ¿No te lo habían contado? —dijo Appleby, señalando a la casa.

Hacía una tarde idílica, y ella y Pilbeam estaban sentadas en el banco blanco del jardín trasero. Había llegado junio y, con él, los días cálidos y soleados. Esa misma mañana Poopie había segado la hierba. Los parterres de flores estaban esplendorosos con sus pensamientos, guisantes aromáticos y una multitud de otras florecillas de pétalos pequeños, todas blancas, rosa pálido y azules. Además de ellas, la única persona presente en el jardín era la señorita Quigley, que estaba sentada en un lugar bien apartado.

El comentario de Appleby no fue en absoluto premeditado. El nombre de Albert Pond no se había mencionado desde hacía más de un año.

—Claro que me lo habían contado —replicó Pilbeam, con apenas un levísimo asentimiento—. Me lo cuentan todo. Aún creen que tengo mucho que aprender.

Appleby creyó por un instante que Pilbeam iba a enfadarse otra vez con ella. Su hermana tenía verdaderos deseos de que le contaran las cosas como es debido y no soportaba tonterías.

—La verdad es que no quería hacerlo —continuó diciendo rápidamente—. Al menos, no pretendía que el asunto fuera creciendo como una bola de nieve. Pero una vez que echó a rodar y todos se lo creyeron, no supe cómo pararlo. Al final, hasta empecé a creérmelo yo también. Si Chesney Loftus no hubiera muerto, probablemente nadie hubiera podido enterarse.

Pilbeam reflexionó sobre el asunto. Ella nunca se habría visto en una situación así. Nunca hubiera pensado en inventar a Albert Pond. Fingir que tomaba las comidas de los domingos era casi lo máximo que se le podía pedir: Pilbeam se quedaba sentada frente a Soobie e intercambiaba miradas de pesarosa complicidad, mientras obedientemente sostenían los cuchillos y los tenedores sobre los platos vacíos.

—Nunca te podré entender del todo —le dijo—, pero ellos sí que deberían comprenderlo. Salvo Soobie y yo, todos tienen sus propias ficciones, sean como sean.

Appleby se encogió de hombros, pero no dijo nada.

—¿De dónde sacaste el nombre? —preguntó Pilbeam—. Desde luego, no podrás negarme que el de Albert Pond sea un nombre muy atractivo.

—Bueno, pues a mí me gusta —dijo Appleby a la defensiva—. Siempre me ha gustado. De hecho, es un nombre real. Estaba escrito diez veces en la solapa de un libro que me encontré hace años en el armarito que hay debajo de la repisa de la ventana de mi habitación. Aún tengo el libro. Se titula *Manto verde*. Supongo que Albert Pond debía de estar aburridísimo y decidió garabatear un poco. Los diez nombres acaban en una lista con dos anagramas: «Poblad tren», «Brotad en LP».

Pilbeam pareció intrigada, y Appleby, que comenzaba a sentirse un tanto incómoda ante las preguntas, intentó aprovechar su ventaja.

—También lo intenté con mi nombre —continuó diciendo—, pero no conseguí nada interesante. Supongo que faltan vocales. Con el tuyo puede que hubiera salido mejor.

Pero a Pilbeam no se la distraía tan fácilmente.

—¿Y qué me dices de las cartas? —insistió—. ¿Por qué las hiciste «venir» de Australia? ¿Y cómo te las arreglaste con los matasellos?

—Muy fácil —respondió Appleby en tono de triunfo. Aquélla no era la pregunta que había temido—. Tenía unos cuantos sobres extranjeros que había comprado por catálogo, y también un montón de sellos usados entre los que elegir. Los sobres llevaban pegatinas de correo aéreo. Al principio, sólo se me ocurrió pensar si sería capaz de falsificar un sobre con nuestra dirección. Utilicé tinta china para prolongar el matasellos en el sobre. Luego despegué con vapor una de las pegatinas de mis sobres australianos y la pegué en el mío. Al acabar, parecía tan auténtico que no pude resistir la tentación de usarlo.

Pilbeam pensó un poco en ello, y comprendió que una cosa podía llevar a la otra.

—Y cuando se descubrió todo, te escapaste corriendo… ¿Para qué pensabas que te iba a servir la huida?

Appleby parecía asustada.

—Se supone que no tienes que preguntarme nada de eso. Mamá dijo que nadie lo mencionaría.

Pilbeam se levantó enfadada del banco.

—Has sido tú la que ha empezado a hablar de Albert Pond, y no yo. Más vale que te decidas de una vez; pero te diré una cosa, Appleby Mennym: si hay algo que no te pueda decir, no pienso ser tu amiga. No puedo evitar ser tu hermana, pero no hay nada que me obligue a ser tu amiga.

Se trataba de una amenaza terrible. A aquellas alturas, parecía que llevaban años siendo amigas, saliendo juntas del brazo, riéndose y bromeando, leyendo las mismas revistas, vistiéndose más o menos igual, holgazaneando en el jardín cuando brillaba el sol… Pelearse con Pilbeam sería espantoso, y a lo mejor decía en serio que nunca más podrían volver a ser amigas. La idea era insoportable.

Appleby extendió la mano y tomó a Pilbeam del brazo antes de que pudiera marcharse airada.

—Por favor, vuelve a sentarte. Lo siento. Te contaré todo lo que quieras saber, pero tienes que darme tu palabra de honor de que nunca se lo contarás a ellos.

Appleby volvió a hacer un gesto señalando a la casa. En su interior, se desarrollaban los actos reales y ficticios de costumbre: cuentas reales, invitaciones ficticias que habría que rechazar lamentándolo mucho, planchados reales, tartas imaginarias que se amasaban con mucha energía en el cuenco de loza, descanso real y pipas apagadas fumadas con fruición junto con algún que otro largo puro habano, juguetes de los de verdad y juegos ficticios de indios y vaqueros.

—A mí me lo cuentan todo —repitió Pilbeam, al tiempo que volvía a sentarse—, pero yo no les cuento nada a menos que me convenga. Y no se me ocurriría ni en sueños contarles nada que tú no quisieras que supiesen. Además, ahora tú y yo somos amigas: ahora y siempre.

Appleby empezó a hablar de forma un tanto incoherente, pero Pilbeam la entendió.

—Habrían estado dándome la lata sin parar, por todos los gastos que les había obligado a hacer con las cortinas gruesas y las bombillas más oscuras; y puede que hubieran escrito un libro con lo mal que lo había pasado la señorita Quigley; como si la señorita Quigley les importara algo. No lo habría podido soportar. Habrían esperado que pidiera perdón… y yo nunca me disculpo.

—Conmigo te has disculpado —dijo Pilbeam.

—Tú eres distinta. Eres mi amiga y nunca intentas *obligarme* a que me disculpe, ni que me levante y corra detrás de ti para pedirte que vuelvas. Cuando me disculpo contigo es porque quiero disculparme.

—Y porque sabes que te has equivocado —insistió Pilbeam, siempre empeñada en obtener toda la verdad.

—Sé que con ellos también me he equivocado —admitió Appleby—. Y eso lo hace todo aún más difícil, si cabe. Sé que lo que hice fue terrible, pero no pensaba decirles eso. No iba a darles esa satisfacción.

—Pues salir corriendo fue algo peor que todas las mentiras —la interrumpió Pilbeam, decidida a que Appleby volviera a retomar el asunto principal.

—Lo sé —dijo Appleby con un suspiro—. Fue una pesadilla. Recuerdo que estaba de pie en la habitación del abuelo mientras todos me miraban, preguntándome qué iba a pasar a continuación; y entonces salí corriendo.

—¿Qué pretendías hacer?

—No lo sé. Probablemente, volver a escondidas más tarde, como solía hacer la señorita Quigley. Pero cada vez estaba más lejos de casa. La lluvia caía a cántaros, así que me fui al parque a buscar refugio.

El recuerdo de aquella noche hizo estremecer a la joven Appleby.

—No tienes que contarme nada más si no quieres —dijo Pilbeam con suavidad.

—Pero sí quiero —dijo Appleby—. Supongo que por eso antes te mencioné a Albert Pond. Una parte de mí quiere olvidar todo el asunto, pero otra parte necesita hablar. Fue terrible, Pilbeam; no puedes imaginarte cuánto. Tres cabezas rapadas con chaquetas de cuero entraron en el mismo refugio que yo. Se quedaron lívidos cuando me vieron allí sentada. Evidentemente, no venían de hacer nada bueno. Me insultaron y salí corriendo en la oscuridad. Estaba aterrada y no sabía hacia dónde iba. Corrí con la cabeza gacha por culpa de la lluvia y, antes de que pudiera darme cuenta, había tropezado con una barandilla que daba al lago. Salí a rastras, empapada hasta los huesos. No me podía mover bien. Me metí como pude entre unos arbustos y debí de quedarme dormida. Luego, sentí que había amanecido y que estaban sonando las campanas de una iglesia. Luego volvió la noche y, tras ella, un nuevo día. Y no sé si lo sabrás, Pilbeam, pero llega un momento en que, si ves que no te vas a morir, intentas aferrarte a la vida. Nada más cerrar el parque, salí a rastras de entre los arbustos y me dirigí hacia las luces del sendero. Bordeé el césped, y llegué a la vieja tienda en la que vendían palomitas de maíz y caramelos en verano, antes de que construyeran la nueva. A esas alturas, volvía a estar agotada. Así que me tendí a descansar y, en ese momento, Soobie me encontró.

Pilbeam guardó silencio.

Appleby esperó a que se decidiera a hablar, pero cuando el silencio se volvió demasiado incómodo, añadió en tono agresivo:

—Así que ahora ya lo sabes todo; espero que estés satisfecha.

Pilbeam abrazó a Appleby.

—Sólo estaba pensando —le dijo—. Si no hubieras contado todas esas mentiras al principio, yo no estaría aquí. Seguiría dormida en el baúl del desván. Podría haberme quedado allí cuarenta años más.

Ante aquella idea, a Appleby se le iluminó la cara.

—Y si no hubiera huido —razonó—, la señorita Quigley seguiría viviendo su media vida en el armario del vestíbulo. Sólo me di cuenta de lo espantosa que debía de ser su vida gracias al tiempo que pasé en el armario de orear.

En el otro extremo del jardín, protegida por el seto de tejos, la señorita Quigley estaba sentada ante su caballete, y pintaba una nube blanca y solitaria que volaba allá en lo alto, a la deriva, muy lentamente, en medio de un cielo azul y sedoso. En el cochecito, a su lado, yacía Googles dando pataditas y agitando un osito de plástico rosa con notable entusiasmo.

Al verlas, un poco de humildad se introdujo inadvertidamente en la cabeza de Appleby, que dirigió una mirada tímida a su hermana:

—Me hacías falta, Nuova Pilbeam —le dijo en voz baja—; nunca te podrás ni imaginar cuánta falta me hacías.

Índice

SYLVIA WAUGH

Sylvia Waugh vive en el norte de Inglaterra, donde ha ejercido como profesora de Literatura Inglesa durante casi dos décadas. Sin embargo, a sus 58 años, siente una gran necesidad de contar historias. Y finalmente, tras obtener la jubilación, decide dedicarse de lleno a la escritura; algo que siempre deseó hacer:

«Me divierto escribiendo; pero si además consigo persuadir a la gente para que se divierta con lo que escribo... ¡Eso ya es maravilloso!»

Gracias a su experiencia docente, ha tenido la oportunidad de adquirir un gran conocimiento del mundo infantil. Madre de tres hijos, Sylvia Waugh piensa que la institución familiar se encuentra hoy en peligro de extinción

La extraña familia Mennym, acogida por los lectores con verdadero entusiasmo, ha obtenido el prestigioso Premio The Guardian en 1994 y ha sido candidata a la Medalla Carnegie.